グローバル・リスクマネジメントの実況中継

平時・緊急対応、海外子会社管理、
ケース・スタディを中心に

弁護士
野中 高広

商事法務

はじめに

　グローバル・リスクマネジメントの諸問題、特に海外子会社管理は、海外でビジネスを展開する日本企業にとって避けて通れない伝統的なテーマですが、いまだに多くの日本企業がその対応に苦慮しています。

　そこで、海外子会社管理というトピックを1つの皮切りに、平時における体制構築の際の留意事項や、緊急対応のポイントについて、**これまでの不祥事・当局対応の経験を踏まえて、講義風の語り口により、臨場感のある「実況中継」のような書籍を出してみたい、悩める企業人とともに様々な事例や問題点につき考えてみたい**というのが本書執筆のきっかけです。

　本書においても取り上げる「コンプライアンス」という言葉にはどこか厳格なイメージがあり、「コンプライアンス疲れ」という表現も巷にあふれています。そういった暗いイメージを払拭して、「Comp(any) + Alliance」という考えのもと、**コンプライアンスを明るく親しみやすいものとして捉えていきたい**と思っています。実際にも、緊急対応をする際には、あえて上を向いて笑顔を意識し、前向きな姿勢で臨むことを心掛けています。

　とはいえ、海外子会社管理やコンプライアンス体制の構築は、地域や国、時代、各企業が向かっているベクトル、そのときの状況、あるいは部門によって求められるものが異なり、**正解がある訳ではありません。**また、緊急対応の手法についても、まさにケース・バイ・ケースであっ

て、後から振り返ってみて、玉虫色の解決こそが最善だったと思える事例も経験してきました。

　それらのことを踏まえて、本書では、講義の受講者として、事業部長、法務・コンプライアンス部長、各部門の担当者や学生などにも登場してもらい、**様々な角度からの視点を意識しつつ**、受講者との率直かつ活発な対話形式にしてみました。また、これまでに使用してきたプレゼン資料をベースにしつつ、わかりやすい記載を心掛け、議論のたたき台としての具体例、ケーススタディも可能な限り採り入れてみました。

　日本企業及び外資系企業の担当者の方々、研究者や学生の皆様、あるいは海外ビジネス、リスク・マネジメントなどの分野について関心を抱き、飛び込んでいこうとするあらゆる人たちにとって、本書が少しでもお役に立てること、読後に**爽やかな気持ちで前を向く**一助になることを切に願っております。

　令和6年10月吉日

　　　　　　　　　　　　　　　　　　　　　　　　　　野中 高広

CONTENTS

第1章　総　論

第2章　平時対応

第3章　緊急対応

第4章　事例検討

第１章
総　　論

1 講師及び受講者の紹介
2 目次（全体像）
3 各種コンプライアンス・リスク
4 グローバル拠点における問題対応

1 講師及び受講者の紹介

――ここは、ある日本企業の会議室。海外プラクティスを経験している4名が集合し、和気あいあいという雰囲気です。学生2名を含む4名がオンラインで待機しています。おっと、野中弁護士がニコニコと入ってきました。さあ、いよいよ定刻です。どんな議論になるかはお楽しみ！

野中：皆さん、こんにちは！弁護士の野中高広です。本日は講義に出席してくださり有難うございます。また、オンラインの方々も参加してくださり嬉しく思います。

私は、2000年から9年半ほど裁判所で過ごし、刑事や民事の裁判、はたまた家事・少年事件にも関わってきました。その間、1年ほど国内企業の人事部に行きましたし、ワシントンDCの在米国日本国大使館で外交官として2年ほど勤務しました。

現在の業務は、主に緊急時の対応として内部調査や関係当局との折衝に加えまして、平時の体制構築、リスク・アセスメントや各種コンプライアンス研修などにも関わっています。本日は、そのような業務や各種経験をもとに、**皆さんと議論しながら講義形式で進めてまいりたい**と思います。ちなみに、今日の講義の参加者は8名と聞いております。せっかくの機会ですので、皆さん、ごく簡単に自己紹介をお願いできますか？

受講者一覧

事業部長

海外拠点を渡り歩いて危機を乗り切ってきた強者。豪快な性格。お酒が大好きで野中弁護士に酔って絡むことも。趣味はゴルフ（ベストスコア68）で猫好き。酔うと奥さんと娘の自慢ばかり。十八番は「街の灯り」

法務兼コンプライアンス部長

法務とコンプライアンスに対応可能なオールラウンダー。茶道部出身。野中弁護士にもっと突っ込みを入れたい気持ちを抑えている。朝はマインドフルネスを欠かさない。ソムリエ資格あり。十八番は「別れの予感」

事業部員

海外勤務は2回計6年。趣味は筋トレと保護猫カフェ通い。愛読書はゴルゴ13と課長 島 耕作。好物は松屋の生姜焼き定食と「きのこの山」。十八番は「情熱の薔薇」

法務部員

ロースクール出身でカリフォルニア州弁護士資格あり。父親が弁護士で、法律関係は野中弁護士より詳しい。趣味はエレキ・ギター。好きな芸能人はサンドイッチマン。十八番は「亜麻色の髪の乙女」

コンプライアンス部員

事業部から転籍。ヨット部出身。学生時代はバスケサークルのコンパ部長も兼務。好きな作家は外山滋比古。十八番は「逢いたくなった時に君はここにいない」

人事部員

事業部、コンプライアンス部の後に人事部へ異動。囲碁将棋麻雀ともにプロ級。朝はラジオ体操を欠かさない。好きな作家は司馬遼太郎。十八番は「かたち あるもの」

学生A

法学部所属の帰国子女。ついつい率直な辛口コメントをしてしまう。空手黒帯でプロレスファン。趣味はフルート。英検漢検いずれも1級。十八番は「夜に駆ける」

学生B

工学部生。趣味はゲーム、アニメ。好きなマンガは、銀牙－流れ星 銀。合唱部出身でカラオケはプロ級。学生Aを尊敬し、淡い恋心を抱いている。十八番は「神っぽいな」

2 目次（全体像）

——緊急時にいかに機能するかを常に考えましょう。各部署の強みを活かして連携できていますか。「経験」は大事ですが、その積み方についても考えましょう。いざというときに自分でも動けるように！

野中：まずは本日の講義の全体像を示したいと思います。目次のスライドをご覧ください。大きく分けて、**総論、平時対応、緊急対応、事例検討**の４つの項目を予定しています。総論では、各種コンプライアンス・リスクに触れつつ、各企業がどんなリスクに対峙しているのか、また、グローバル拠点における問題対応の事例についても検討します。いずれの項目についても、**具体的な事例や各企業の悩み**を入れ込むようにしています。

> 平時と緊急時、
> 事前と事後の対応

法務部員：スライドを見てふと思ったのですが、コンプライアンス問題や不祥事対応などについて説明する際、だいたい皆さん、**平時と緊急時**に分けますよね。野中さんは何か意識して項目立てをしているのですか？

野中：シンプルですが良い質問です。後ほど「緊急対応の方向性」の項目でもお話するつもりですが、コンプライアンスの諸問題を検

目次（全体像）

討するに当たっては、**相反する要素につきバランスよく検討していくことが必要**です。信念を持つことは大事なのですが、突き進むのは危険です。一瞬の判断だけでなく中長期の視点も求められるので、正解がない世界ともいえます。

コンプラ部員：バランスが大事で、正解がないというのは、経験上よくわかります。

野中：平時対応においても、緊急時にきちんと機能するか、緊急時に様々な損害の拡大を防止できるような体制か、そもそもリスクの未然防止につながる体制かを確認する必要があります。「形はでき

たけど機能はしなかった」というのでは、少し残念ですよね。その意味で、**平時と緊急時、事前と事後の対応は表裏一体**といえるので、そういった視点で項目立てをすることが多いです。

両者は表裏一体だニャ

平時
事前対応

緊急時
事後対応

目指すべき体制の提案と会社ごとの応用

法務部員：なるほど、言いたいことはなんとなくわかります。とはいえ、どうせガバナンス体制を整えるのであれば、もう少し具体的なモデルをいくつか提示してもらって、それらの中から選択して採用するほうが企業としてもやりやすい気がしますが、どうですかね。

野中：体制整備をする企業からよく受ける質問として、「まずは形を整えたいので、他の企業での野中さんの助言経験に照らして、最もよいガバナンス体制をうちでも導入したい。それを教えてくれ」というのがあります。

事業部長：それは、なかなか欲張りなリクエストではあるね。

野中：もちろん、よく機能するコンプライアンスやガバナンスの体制を知っておくことは大切ですし、よりよいものを目指す方向性は大事です。ただ、それぞれの会社によって、その時点で最も適切な体制というのは異なってきます。コンプライアンスやガバナンスの強化、緩和の動きは、**企業の元気さによって波打つように変化する**ものであると感じています。

工学部生：そんなに企業の体質、健康状態って頻繁に変わるものなのですか？

野中：５年前に厳しめに整えた体制を、今度は少し緩めていく方向になるケースもあります。「先日聞いてきた講演で、ある大企業の役員が言われていたように、うちも横串を刺して、ファンクション機能を強化したい」というふうに目指すこと自体はよいと思います。ただ、現在の会社の体制との整合性や現実的に可能なのか、かけられる時間やコスト、経営陣の説得の仕方などもセットで検討する必要があります。

法務部長：野中さん、言うことがちょっときつくないですか。各企業が**精一杯改善を試みていることをマイナス評価してもらいたくはない**です。しかも、時には思い切った体制変更を誰かが音頭をとって進める必要もあると思います。そういう時に、**多数派の反対を押し切ってでも向かっていく勇気**こそが、法務・コンプライアンスの醍醐味といえるのではないでしょうか（鼻息荒く）。

野中：部長、力が入ってきましたね！もし、企業の真摯な取組みについて私が水を差しているように聞こえてしまったのでしたらすみません。もちろん状況にもよりますが、現状の体制から無理のない範囲で修正、補足していくのも効率的な１つの手法ではないかと思っています。ただ仰るとおり、抜本的な変化が求められる時もありますし、そのときには馬力が必要となります。

人事部員：それこそ昔流行した**プロジェクトX**の世界ですね。

野中：抜本的改革が必要な場合には、会社として、例えば5年後にありたいコンプライアンスの姿を考え、そこからバックキャストして年々改善していくことも検討に値します。その**ありたい姿**を考えるに当たっては、外部の専門家の知見や、同種の産業分野の外資系企業の体制などを参考にすることも有効です。それぞれの企業によって目指すもの、進め方は異なるので、アドバイスするほうも十分な議論を重ねたうえで方向性を示していくことになります。

事業部員：なるほど。野中さんの考え方につき、ここまでは一応理解しました。

野中：具体的なモデル体制の提示という問題意識へ少し話を戻しますと、理想的な体制を知るために、例えば時価総額トップ100の企業のガバナンス体制を検討、分析してみるのも1つの方法といえます。

コンプラ部員：ベンチマーキングをすることで、最低限必要な事項や、大きな骨格、趨勢なども理解することができますよね。

法務部長：経験豊富な弁護士からのインプットも効率的な情報収集といえますね。

野中：はい。とはいえ、やはり内部事情まではわからないのが一般ですし、完全に参考にできる例というのはほとんどないと思います。そこで、基本的な考え方として、企業それぞれにおいて起こり得るリスク、その**優先順位**を踏まえて、各リスクが具体化することを未然に防止する、仮に起きてしまったとしてもそ

のリスクの拡大を防ぐ、例えば国内外の当局対応においても適切かつ迅速に対応できるような体制を、現状の弱い部分を直視しながら一歩一歩構築していくのがよいと思います。

事業部長：事前と事後をセットで考えていくことに加えて、何か決

まった完璧な体制を目指すというよりは、実情に合わせて、足りない部分を少しずつ改善していくのがよいということが言いたいのかな。

法務部員：そのように考えると、改善すべき点につき問題点を具体的に検討しやすいですね。特に海外の場合がそうですが、どこまでいっても体制が整わない気がする、雲をつかむような話ではなくなってくる気がします。

> 緊急時の対応業務から
> 平時の各部署の役割についても
> 考えてみる

野中：例えば、よくある質問として、法務／コンプライアンス部、経営企画部、総務部、あるいはリスクマネジメント部門として「自分たちの部署の役割、例えば海外子会社管理における自分たちの役割を強化していきたい」「そのためにはどういったことが必要なのか」といったものがあります。そのような場合、「例えば、海外、具体的には**中国や東南アジアで緊急事態が起きた際**には、皆さんの部門はどういったことが求められており、実際にどのような対応をするのですか」といった内容につき一緒に具体的に考えてみることがあります。

法務部員：えっ、あまり普段考えてみたことはなかったです。とりあえず日々の業務に忙殺されていますし、自分にとってのクライアントである事業部からの依頼に、コツコツと打ち返しているという感じなのですが。

法務部長：いやいや、緊急時の法務部の役割くらいは当然わかっているでしょう。あなたが法務部にきたときにあれほど丁寧に説明し

法務の役割は？

て、モチベーションを上げようとしたのに、何も覚えていないなんて…（深いため息をつく）。

野中：まあまあ、毎日忙しく業務に邁進しているわけですし、緊急事態がないのはいいことですし、今回もう一度考えてみることにしましょう。例えば、中国や東南アジアで何かが起きたときに、法務部として、どういった役割が求められるのか。会社によっては、法務部が実際に前面に出て内部調査や当局対応を率先して行なうところもあれば、どちらかというと後方支援に回るところもありますよね。コンサルや弁護士事務所の選定において力を発揮したり、あるいは規制やプラクティスの正確な理解、過去事例における対応方法の検討、各部門との調整、その他、いずれ想定される訴訟対応に備えた証拠収集・戦略設定などで力を発揮することもあります。

ビジネスとコンプライアンスの複眼思考

事業部員：実際に内部調査などのインタビューで何度も同じことを聞かれて、絞られる僕らの気持ちを法務やコンプラ担当はわかってくれていますかね。忙しいなか、調査に時間を割くって相当大変なんです。普段は契約書をチェックしてくれたり、助言をくれて有難いけど、何かあったときに急に口だけ出されるのはちょっと…。内部監査などで往査に来てくれている人のほうが現場をわかっている気がする時もあります。

野中：会社によって各部門の役割は違いますが、それぞれ強みがあるので、**連携できるようにしておくことが大事**です。会社によっては、事業部の人が次はコンプライアンス担当に配置され

て、両方の目を養うこともありますし、そういった取組みはよいと思います。相手の気持ちがわかり過ぎてしまって逆に動きにくくなることもありますが…。

人事部員：様々な観点から物事を見れるようにするための人事ローテーションは、日本では一般的ですよね。

> **情報の吸い上げと
> それぞれにとっての
> メリット**

事業部長：海外にいると法務やコンプラから「情報を出せ」「問題はないか」などと聞かれることがあるよ。でもはっきり言って、どうせ本社は何もしてくれないだろうし、最終的に責任は自分たちで負わされるわけだから、**あまり協力する気にはなれないんだよね**。そのあたり他の企業はどう調整しているの？

野中：先ほどの各部門の役割設定、特に「緊急時について考えてみる」という点とも重なりますが、事前に情報を本社サイドに出して情報共有しておくことにより、**「緊急事態においてどういったメリットがあるのか」**ということを真剣に議論しておくことが必要ですね。自分たちにとってメリットがなければ動いてくれないですし、**「相手がきっと助けてくれる」**という信頼関係が不可欠ともいえます。このことは、海外で企業を買収した後のマネジメントでも、ローカルの協力が得られないといった場面において同じことがいえますし、皆さん苦労されています。

海外子会社をどこまで
グリップするか

法務部長：そのこととの関係で質問です。海外子会社管理が重要なのはわかるのですが、**どこまでやればいいのか**はいつも悩んでいます。何から何までグリップするのは無理がありますし、かといって放置したらリスク満載ですし。

野中：その悩みは皆抱えております。実際にローカルで何か起きてしまったときに「**関係当局に対し本社としてどのように説明できるか**」という観点でもよく考える必要があります。会社としては十分にモニタリングしていたが、ローカルの特殊事情により発生してしまったのか。

事業部長：要は、ローカルに罪をなすりつけるということかね？

野中：会社ごとに異なるのでここでは深く立ち入りませんが、最低限、日本の本社としてやるべきことはやっていたといえるようにしておくことが大事ですね。

法務部長：なかなか難しい問題だと思っています。

野中：親会社取締役の善管注意義務（内部統制システム構築義務）の観点から、ある程度の線引きは可能といえます。それを監査する

監査役の役割も重要といえますが、ここではこれくらいにしておきましょう。

「動ける」人が大事か

事業部長：僕は発展途上国での駐在経験が長く、たぶん野中さんより現場で危機対応をたくさんしてきたから言うのだけど、やっぱり大変なときに**実際に動ける人が少ない**んだよね。そのあたりどう思いますか？

野中：仰るとおり、実際に動ける人というのは少数派ですし、その人に頼ってしまうことも多いですね。ただ、実際に動く人に**全体像が見えていなくて、方向を見誤ることも少なくありません**。しかも交渉などで力技を得意としているため、ついつい先方と**無理な約束**をしたり、内部調査のインタビューでも**無理な供述**をとってしまうことがあります。自戒も込めて言っていますが、冷静に全体像を見極められるチーム、理論面による裏付けも考えられるチームとの連携が不可欠といえます。

法務部長：この「動く」あるいは「司令塔的な役割」との関係でも、経験豊富な弁護士によるインプットは不可欠だと思います。

野中：（心の中で「僕の代わりにそれを言ってくれて、ありがとうございます！」）

痛い目に合うことが必要か、研修の役割

事業部長：きつい言い方だし少し無責任に聞こえるかもしれないけど、僕はね、やっぱりコンプライアンス意識の強い組織になるためには、**一度こっぴどく痛い目に合うことが大事**ではないかと

思っているよ。そういう目に合わない限り、根本的な体質は変わらないでしょう、やっぱり。野中さん、どう思いますか？

だって、こんなことになるなんて、思わなかったんだもん。

野中：企業も人間も痛い目に合わないと基本的には変わらない、変われないというのはそのとおりだと思います。痛い目に合っても、しばらくすると「のど元過ぎれば…」となることもありますね。自分のことを振り返ってみても、同じような失敗ばかり繰り返してきた人生のような気がします。ただ、**「痛い目に合うのをただ待つ」というのは、ちょっと危なっかしいですし、いまいち**ですよね。

コンプラ部員：痛い目に合わなくてもいいように、研修や「避難訓練」があるのだと思っています。軽視する方も多いですが、私は**研修が非常に大事**だと思っています。具体的にその会社で起こり得るシナリオ、ケースを設定して、それについて実際にどう動くかを会社の経営陣を含めて十分に議論しておくことは必須だと思います。

研修

★具体的にその会社で起こり得る
　シナリオ、ケースを設定
★それについて実際にどう動くか
★会社の経営陣を含めて十分に
　議論しておく！

野中：そのとおりだと思います。痛い目に合うのは、振り返ってみて「いい思い出」といえることもあるかもしれませんが、調査対応で相当つらく**ストレスフルな日々を送る**ことになります。皆さん急に老け込んだりしてしまうこともあるので、できれば避けたいところです。

法学部生：また**ケーススタディこそが大事**というありきたりの話ですね。ゼミなどで、そればかりやってきましたし、その話は少し聞き飽きています。裁判例の検討を含めて本当に役立つのかと私は少し懐疑的です。

工学部生：インターンのときには企業の方から**OJTこそが大事**と何度も言われましたし、やっぱり実際に経験しないとだめなんじゃないですかね。そういう意味では、私は事業部長のお話をもっと聞きたいです。

法務部長：（心の中で）誰かしら、この生意気な学生たちを呼んできたのは…。

野中：確かに実際に動いて、混乱をかいくぐって、頭の中がぐちゃぐちゃになりつつも、なんとか解決して乗り越えたときに見えてくるものもありますし、達成感はあります。ただ、目の前の問題に対応することに必死で、そのケースにおいては何が大事だったのかを客観的に分析することは少ないですし、その暇もなく次の案件に取り掛からざるを得ない場合もあります。いやな経験をわざわざ振り返るのは、お酒の席で少しくらいにしたいのも通常です。そうすると、せっかく現場で重たい経験をしても実際にはあまり残らないこともあります。

人事部員：実際に近い具体的なケースについていろいろと議論して、**理屈を含めて検討**しておき、次の類似事例が起きた際に実際に動けるくらいに落とし込んでおくことで、より多角的な視点から判断ができる訓練になるかもしれませんね。

野中：はい。OJTによる対応を鍛える意味でも、感覚が鈍らないよう

に、一定の頻度で発生する**軽微なコンプライアンス違反の事案につき、きちんと対応して**いくことも重要といえますね。

腕を磨いておこう

法務部員：野中さんは、「普段から自分の腕を磨いておくように鍛錬している」ってよく言われますが、危機対応においては、普段からの訓練が大事ということですか？

野中：はい。役割によって仕方のない側面はあるのですが、人に指示しているだけで自分の手を動かさなくなってきますと、いざというときに緊急の現場判断ができなくなるのではないか、実際に動けなくなるのではないかと不安に思うことがあります。それほど重たくない事案でも、日々、当局や裁判所へ自ら足を運んでいろいろと「叱られておく」のも大事です。それ以外にも、当局者に対し急ぎでわかりやすく説明する際の練習として、例えば、電話での日常的な報告をいかにわかりやすく人に伝えられるか、どのように事前にポイントを絞る工夫をするか、といった訓練を意識的に毎日しておくだけでも全然違うと思います。

コンプラ部員：急にくる緊急対応の心の準備として、何か意識していることはありますか？

野中：特にありませんが、急に遠距離移動をしたり、どこでも走り回れるように、健康面を大事にしようと心掛けているのと、普段はなるべく脱力するようにしていますね。

法学部生：なんか呑気過ぎる気もしますが、その話はちょっと面白いですし、少しだけ参考になります。

事業部員：私も、筋トレを今後も続けようというモチベーションがすごく上がりました。

法務部長：腕磨きは野中さんに続けてもらうとして、我々としては、他社の委員会による調査報告書を検討したり、世の中の動向をフォローしつつ、「勘」を養っておくことも大事になると思います。

野中：深いコメントを有難うございます。ということで、目次だけで、いろいろな話題になりましたが、目次の最後にケース・スタディが入っている意味も皆さんには理解していただけたと思います。**実際によくあるケースを検討することは不可欠**ということです。今回は一応このように項目を並べましたが、時間に限りがある場合には、総論を15分程度で話した後、すぐにケース・スタディに入って皆で議論することもあります。その議論で出てくる内容はだいたい、何かの**本に書いてあることよりも実践的**ですね。議論した後には、なぜか皆とても仲良くなってそのまま食事などに行くことも多いです。一緒に何かに直面し、乗り越えた戦友という感じになるのでしょうか。

ジェネラリストか スペシャリストか

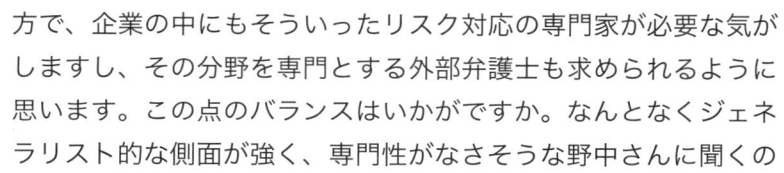

工学部生：とてもわかりやすい話だったのですが、ふと思ったのは、いわゆる**不祥事対応**は、専門性というよりは、なにかジェネラリスト的な要素、多角的な視点が大事なような印象を受けました。一方で、企業の中にもそういったリスク対応の専門家が必要な気がしますし、その分野を専門とする外部弁護士も求められるように思います。この点のバランスはいかがですか。なんとなくジェネラリスト的な側面が強く、専門性がなさそうな野中さんに聞くの

はちょっと失礼かもしれませんが。

一同：（心の中で「さすがにそれは失礼なんではないの…」）

野中：うっ（心の中で「痛いところを突くなあ」）。いえいえ、率直な
コメントを有難うございます。次のスライドでも検討するのです
が、分野によっては専門性が不可欠ですし、そういう分野につい

ては**専門家と密に連携**して対応しま
す。それぞれの強みを活かしていく、
ただし、**不祥事のつぼ**を押さえて、方
向性を見極めて動いていくことも1つ

の専門性と言わせてもらえるとありがたいですね。

事業部長：ちなみに野中さん、いつもスライド1ペー
ジでこんなに時間をたっぷりとるのかい？若干と
いうか、かなり議論があちこち飛び過ぎだし、こ
のペースだと何時間やっても終わらないよ。懇親
会のお店の時間、少し遅らせておこう
か。僕はもう結構満足したし、早めに
ビールを飲み始めたいくらいなんだけれ
ども。

人事部員：（心の中で「さすがに、その発言は部長としてどうなのか
しら…」）

野中：いやいや、ちゃんと時間はぴったりに終わらせるから大丈夫で
す。私だけが一方的に話してもいいので
すが、皆さんの**それぞれの立場で思って
いる悩みに対応して議論したほうが、よ
り充実した内容になる**と思います。それ
に私の専門分野は「人の悩みに答える」
ですから（心の中で「決まったぜ」と快
心の笑顔）。

法学部生：いやいや、お言葉ですが、それって弁護士として当然のことだと思いますが。

一同：（苦笑）

今回の議論の 勘所

- 正解のない個々の事例対応では、各要素をバランスよく判断しよう。
- 体制構築の際には、緊急時にいかに機能するかを常に考えることを心掛けよう。
- 緊急時の対応業務から平時の各部署の役割についても考えてみる。
- 各部署の強みを活かして連携できると、緊急時に力を発揮する。
- 実際に経験するだけでなく、具体的なケースについてしっかりと検討することでも経験は積める。
- いざというときに自分でも動けるように日々腕は磨いておこう。

3 各種コンプライアンス・リスク

——野中弁護士のもとには、「コンプライアンスやリスクに関して委員会で何かを話して欲しい」「委員会でどういったテーマを取り上げればよいか」といった相談が寄せられるようです。参加メンバーはどのようなテーマに関心を持っているのでしょうか。

野中：それでは次のスライドをご覧ください。大きく分けて、コンプライアンス・リスクに関する**最近の主なトピック**と、**横断的なテーマの例**を挙げました。様々な企業から「コンプライアンスやリスクに関して委員会で何かを話して欲しい」「委員会でどういったテーマを取り上げればよいか」といった相談を受けた際に示すものの一例です。

コンプラ部員：ここで列挙されているテーマのうち、その企業にとって特に関心が高かったり、タイムリーな事項に絞って議論を深めていく場合だけでなく、**いくつかを組み合わせて議論してもらえると助かる**こともあると思います。

野中：あくまでも私が相談を受ける事例ですので、トピックとしては少し偏りがあるかもしれません。

各種コンプライアンス・リスク

● 最近の主なトピック
- 法規制対応
  （贈収賄、競争法、輸出入管理・制裁規制、業法関連etc.）
- 財務・会計関連
  （不正会計、横領・背任、領収書偽造、税務etc.）
- 情報セキュリティ
  （個人情報、顧客情報、営業秘密、サイバーセキュリティetc.）
- 人権関連
  （サプライチェーン・モニタリング、ハラスメント、労災等労働環境の整備etc.）
- 品質・安全性
  （品質不正、製造物責任etc.）
- 環境関連
  （ESG、環境法規制etc.）

● 横断的テーマの例
- 海外子会社管理
- コンプライアンス委員会の役割ほかコーポレートガバナンスの整備
- 行動規範、ポリシー、各種規程等の整備・改訂
- グローバル内部通報制度

法務部員：これらのトピックはどれも興味深いですし、何らかの形でいずれにも関わっています。野中さんから見て最も頻度が高く取り上げられるテーマはどれになりますか？

贈収賄と海外子会社
管理は悩みが深い

野中：企業ごとに、また担当者ごとに関心の高い分野は異なりますが、相変わらず**贈収賄の問題**は、古くて新しいといいますか、とても関心が高いですね。**ビジネスと人権**といった切り口でも贈収賄のテーマは出てきます。グローバルという枠でみますと、**贈収賄と海外子会社管理が頻出トピック**といえます。

ハラスメント問題は
国内外を問わず頻出

コンプラ部員：国内についてはどうですか？

野中：企業が最も悩んでいるトピックは**ハラスメント**ですね。コロナ禍で少しは減ったと思われたハラスメントですが、相変わらず**パワハラ**の問題は企業を悩ませていますし、最近では**カスハラ**（カスタマーハラスメント）の問題からも目が離せません。ハラスメントの問題については、多数の調査や審判・訴訟案件を担当してきたので、いろいろと話したいところですが、本日は深く入り込みません。

　　ただ一言だけ申し上げますと、海外でもハラスメント事案は多く、**海外からの内部通報案件ではハラスメントの問題が頻出トピックの1つ**といえると思います。

事業部長：僕としても、やはりハラスメントが気になるね。昔よく指導方法がパワハラだと言われて本当に困ったのだけど、このあたりどうにかならないものかね。そういった話も聞きたいのだけど、ダメかな？

野中：パワハラに当たるか否かについては、管理職の方や、各企業がかなり悩んでいます。研修を行なっていても、「**ダメな行為と大丈夫の行為を具体的に羅列して明確に教えてくれ**」と言われることもあります。このあたりは企業ごとに体質の問題がまずあると思います。昔で言うところの体育会系の気質なのか、事務職の職場と工場でも違いますし、リモートが中心のＩＴ関連、情報システムがらみの職場などでも状況が異なりますね。

人事部員：パターンとしては、**張り切りすぎの上司が、**いわゆるパフォーマンスがそれほどでもない部下に対し、その**パフォーマンスを上げようとして、めいっぱいパワハラをしてしまう**事例が比較的多い印象ですね。**上司がすべて１人で対応しようとして問題になる**ことも多いです。

みんながんばろうニャ！

張り切りすぎてしまったニャ

野中：仕事への考え方についての「**世代間ギャップ**」によるものも多いです。その他には「**記憶のマジック**」というのもあります。上司サイドが「自分はこんなこと新人の頃からできたし、やってきた」というように過去の自分を美化してしまう場合です。

事業部長：確かに、お酒の席で学生時代の話になると「**俺は 50 メートル５秒台だった**」と自慢する人がなぜか多いよね。

野中：ハラスメントについて短時間では話し尽くせません。３時間コースの研修も多いですし、相変わらず多くの企業が悩んでいるトピックだと思います。

国内ではカスハラ問題が急増

事業部員：最近はカスハラの問題も結構取りざたされていますし、労災等でも話題になっていますね。

野中：はい、担当者がカスハラを受けてしまった企業においては、その担当者の職場環境を適切に管理していたのかという**安全配慮義務の問題**になり得ます。カスハラをしてしまった従業員が所属する企業としては、その従業員が受ける損害賠償請求について使用者責任を問われる可能性があります。

法務部員：**そもそもカスハラとは何か**、どういったときに成立するのかという問題も悩ましい部分があると思います。

人事部員：会社内部で解決できる問題ではないですし、カスハラ対応として、早期の段階で刑事告訴を検討する企業も増えてきているため、なかなかややこしい問題になっているようですね。

営業秘密の漏えいやサイバー対応案件も増加

法務部員：**営業秘密の漏えい問題**も悩ましく思っています。そもそも警察はあまり動いてくれないですし、裁判で解決するには**時間がかかり過ぎます**。かといって契約書や宣誓書の縛りだけでは抑制効果が全くないですし…。

野中：短期間での解決を目指すとなると、各国の捜査機関に頼ることもありますし、専門家の助力を得つつ、上手にボタンを押して、**やったもの勝ちにしない手法を考える**こともあります。どこの国

においても裁判決着を図ろうとすると、終わる頃には「営業秘密でも何でもない」という事態になりかねず、まずは実効的な解決を目指すことになると思います。

コンプラ部員：**サイバーセキュリティの問題**も気になります。どういった悩みを抱えている企業が多いのでしょうか。

野中：専門家との協力や FBI との連携が必要になることもありますし、内部的には各部署による連携、一体としての対応をすることになります。**どこまで取締役会へ報告して判断を仰ぐか**という難しい問題もあります。

法務部長：身代金を支払ってしまった場合、生命身体に影響がある事例だったのか、後から想定される**株主代表訴訟との関係**でも、いろいろと悩ましい問題がありますね。

支払わない
こともできた
のでは？

**本社リードにすべく
張り切り過ぎる必要はない**

法務部員：サイバー対応に関して、基本的には、ある程度統一的に活用できるグローバルポリシーを本社サイドで作成し、ローカルに浸透させていくことになると思います。**そのプロセスは、各拠点において思惑があります**し、なかなか簡単ではありません。

野中：サイバー対応という意味では、米国が非常に進んでいますし、個人情報との関係では EU 各国がより緻密に対応している部分で

す。それらの国々との間で、**どのように日本サイドとして、グローバルポリシーにつきリードして浸透活動を進めていくか**という一筋縄ではいかない問題もあります。

法務部長：日本本社が基本的にはリードしてプロジェクトを進めていく場合であっても、**リーダーシップにはいろいろな方法があってよい**と思います。その分野に強い国やエリアの担当者に積極的にリードして進めてもらいつつ、各エリアでの差異が大きくなり過ぎないように日本サイドが調整役としての役割を果たせば十分と割り切っています。

野中：ついつい日本サイドでよくわかっていない分野については後手後手になりがちですが、「すべてを完全に把握してから動く」というスタンスをそこまで貫く必要はなく、**ローカルに任せる部分があっても良い**ように思います。

経済安保として整理される制裁案件も数年前から急増

工学部生：今後の**地政学リスク**が重要になってくる状況を考えると、「経済安全保障の問題としての**トレードコンプライアンス**について勉強しておくのがよい」と高校の先輩の弁護士に言われたのですが、そのあたりはいかがですか？

事業部員：キミ、よく勉強してるね！

野中：ロシアに対する米国、EU、英国などによる経済制裁に絡む問題にどのように向き合っていくかは、ロシア関連企業とビジネスをせざるを得ない日本企業はみな悩んでいますね。

コンプラ部員：米国と中国によるそれぞれの制裁に挟まれて、「米国からはダメ」と言われ、中国からはその逆を言われる日本企業として、**どのように「上手に泳いでいくのか」**といった問題もとて

も悩ましいです。

野中：日本の弁護士としての意見を経営陣に求められますと、**なかなか窮するテーマではあります。**一方で、今後も避けて通れない分野ですし、その高校の先輩はとても良いことを教えてくれましたね！

法務部員：その話で思い出しましたが、最近は、**取引先につき経済制裁のスクリーニングをどのように進めるか**という点も悩んでいます。明確にリスクが高い国や取引についてのスクリーニングの必要性は理解しているのですが、実際にどこまで網羅的に実施すればよいのかは結構悩ましいもので…。

野中：制裁スクリーニングにせよ、何か新しいモニタリングシステムを導入するに際して、ビジネス部門からの圧力などを受けて、「なんとか**チェック項目を減らしたり、緩めのチェック体制にしたい**」というのが本音であったりもします。

事業部長：ビジネス部門を毎回悪者みたいに言わないでくれるかな。

法務部長：結論的にはチェックを厳格にし過ぎず、現実的なものにする場合でも、考え方の筋道としては「あくまでも地政学リスクのもと経済制裁スクリーニングの重要性は十分に理解している」「しかし、全部一度  にはできないので、優先順位をつけて順々に進めていく」「ただし何か問題事項が出てきたら、すぐに対応する準備はしてある」といっ

た流れで内部的にも整理して、**関係当局にも説明できるようにしています。**

野中：「リスクが低いから」という理由でチェック体制をむやみに緩めるのではなく、仰るとおり、**必要性を理解した原則論に基づく思考過程を関係部署で共有しておく**と、より意味のある体制づくりになりますね。社内調整が難しい部分ですが、あくまでもそういった姿勢で臨んで欲しいところです。

事業部長：ちゃんと説明してくれれば、そりゃあ、無駄にリスクは負いたくないから納得すると思うよ。

> **環境、ESG 関連もトレンド、ポリシー・レビューのタイミングにも留意**

コンプラ部員：環境、ESG、その関連としての**サプライチェーン・モニタリング**について特に関心があります。各国の法制度も可能な限り追ってはいますが、実際の施行時点が少し先ですと、ついつい対応も後回しになってしまいがちです。海外規制に対応した体制変更については、どのくらいの温度感で進めるのがよいと思いますか？

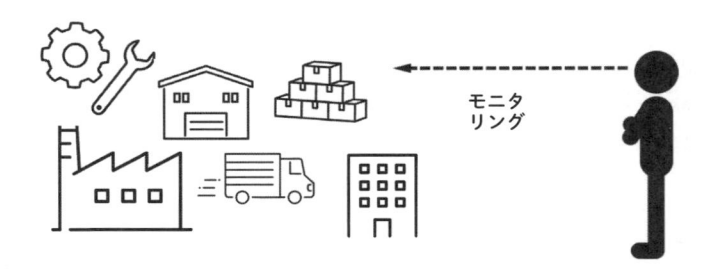

モニタリング

野中：これまた難しい問題ですね。担当部署のリソースに余裕があって、ある程度先を見通すことができるのであれば、早めの準備に越したことはありません。ただ、**時間の経過とともに状況が変わってしまうことも結構あります**ので、ある程度の情報収集とプランを立てたうえで、少し寝かせるのも現実的かもしれません。

コンプラ部員：以前 GDPR 対応につき前倒しで対応した企業が、施行時までに何度もやり直さざるを得なくなり、「コストと時間の無駄だった」という話もよく聞きました。やるからには一気呵成で進められるよう、「計画的に準備しておく」といったところでしょうか。

野中：基本的には、既存のシステムなども活用しながら、それを補充する形の**マイナー・チェンジで進めていくのが効率的なことも多い**です。ただ、こと ESG に関する情報収集の場合、既存システムでは収集できないケースもあるので留意が必要ですね。

法務部員：プロジェクトの進行については、**担当者が変わる**こともありますし、**予算との関係**でもなかなかすぐには進められない現実があります。目の前のことが最優先ですし。**ポリシー・レビュー等の進め方**はどういったペースでやるのが一般的ですか？

野中：例えば、海外の法令等に大きな変化があったり、ある当局のガイドラインが改訂されたりすると、**外部の専門家からアラートがくる**ことが多いと思います。その際に、あわせて関連ポリシーを見直すこともあります。

法務部長：リスク・アセスメントの結果、残念ながら統一ポリシーが5年前のものしかなく、ローカルではその存在すら知られていないことが判明したケースもありました。そういう場合には一気に動くこともありますね。

野中：誰かが馬力をかけて棚卸と整理をしておかないと、難題は後回しになってしまいがちです。

サプライチェーン・モニタリングの範囲の判断は難しい

事業部員：サプライチェーン・モニタリングですが、実際問題として、**どこまでチェックすればよいのか**とても悩んでいます。

野中：質問票で済みますか、2次3次サプライヤーまで厳密にチェックするのか。正直知りたくはなかったのだけれども問題があることに気づいてしまった以上、少し先のサプライヤーからも遵守事項の誓約書を出してもらったり、契約条項に組み込んだほうがよいこともあります。**リスクやビジネス・インパクトとの関係でケースバイケースの判断**にはなります。

コンプラ部員：正直なところ、国内でも契約関係を含めて完全には把握できていないので、海外まではあまり手が回りません。

法務部長：基本的には、百点満点の対応を目指すのではなく、野中さんが言うように**リスク・ベースの、できるところからの対応**でよいものと理解しています。

法務部員：話は少し変わりますが、ESGとの関係では、少し前から米国等でも**ESGが政治的な要素になっている**と聞きます。例えば、ESGの観点から工場の設備投資を行なった結果、商品の値上げをせざるを得なくなったという事例において、それを各企業が一斉に行なった場合に競争法上問題が生じ得るといった論点も出てきています。

野中：米国等の動きもよくウォッチされていますね。大統領選の動きとも関連し、なかなか今後を読みづらいところではありますが、いずれにしろESG一辺倒で前のめりになりすぎると、少し時代遅れになる可能性もありますね。

> **問題点を把握し、**
> **コンプライアンス体制の**
> **改善姿勢を継続**

法務部長：私の感覚としては、今回のスライドに出ているものはすべて大事ですし、どれも大なり小なり対策は立てているものの、まだまだ不十分なところもあるのは否定できません。1つ1つ、いま頭の中で整理しているところです。

野中：実はこのスライドを見て、それぞれにつきリスク・アセスメントをすぐにできる企業は少し安心できます。**すべてにつき完璧な対策が立っている必要はない**のですが、その進捗状況、課題などについて、**例えば部長クラスが正確に認識し、それを部員に落とし込めて共通認識を持てている会社は強い**ですね。リスク全体を俯瞰できているといえることになります。

リスクを俯瞰

事業部長：そうすると、逆に、このスライドのトピックについて自信満々に「うちはどれも大丈夫」と言って具体的なコメントが少ないと、不安になるということだね。

野中：はい、一度過去に対応したことがあっても、数年経ちますと同じような事象が起きてしまうことをよく見てきましたし、何かしら課題はあるはずです。

工学部生：試験対策が「ばっちり」と言っている人に限って、成績が悪く、できる人ほど自分の足りないところを正確に把握しているのと同じですね。

野中：そのたとえは、近いと言えば近いと言えますね。私も外資系企業のクライアントに話すときには不明確な答えだと嫌がられるので、"That's perfect!" などと言ったり、言い切らざるを得ない場面もあります。ただ、**ことコンプライアンス体制の構築については、基本的に、控えめな姿勢がよい**と思います。

コンプラ部員：なるほど、控えめな姿勢でリスク全体を見直してみたくなってきました。

野中：以上に加えて、例えば競争法対応に特化したコンプライアンス・プログラムをどのように導入していくか、労務リスクとして各国の労働法・プラクティスを理解したうえで、訴訟対応、内部通報対応をどのように行なっていくかという課題もあります。債権管理の問題、特に近年の地政学リスクとの関係では、制裁対象国においてどのように債権回収を進めていくかといった難しい問題も日本企業が直面しています。

法務部長：次から次に出てくるリスクについて、フォローしていくだけでも大変で、完璧を求めるのは無理といえそうですね。

野中：以前申し上げたかもしれませんが、**完璧を目指すのではなく、問題点を認識して少しでも目をそらさずに手当を打っていく、その方向性が大事**なのだと思います。

コンプラ部員：米国司法省（DOJ）も、コンプライアンス・プログラムが**「継続的に改善」されていることが大切**である旨言及していますね。

野中：そのように考えることで、コンプライアンス担当者としては、少しだけ気が楽になるのではないでしょうか（「いいこと言ったぜ」と内心で）。

法学部生：それで気が楽になるほど、みな呑気ではないと思いますが。

一同：（うなづく）

野中：（がっかり）

今回の議論の 勘所

- 贈収賄と海外子会社管理は悩みが深い
- ハラスメント問題は国内外を問わず頻出
- 国内ではカスハラ問題が急増
- 営業秘密の漏えいやサイバー対応案件も増加
- 本社リードにすべく張り切り過ぎる必要はない
- 経済安保として整理される制裁案件も数年前から急増
- 環境、ESG 関連もトレンド、ポリシー・レビューのタイミングにも留意
- サプライチェーン・モニタリングの範囲の判断は難しい
- コンプライアンス体制の改善姿勢を継続しよう

4 グローバル拠点における問題対応

──野中弁護士が過去に担当した案件について、一応の対応が終わってひと段落した段階で、担当者どうしで反省会をしたときに出てきたトピックをもとに議論がされています。本音として出てくるものがどんな内容であったか、興味津々です。

野中：それでは、次のスライドをご覧ください。いろいろな不祥事が起こりますと、例えば、第三者委員会による調査報告書に、原因や真因についての分析、検討がされます。それらをよく読んでみる  ことは非常に勉強になるのですが、このスライドに挙げたのは、私が過去に担当した案件について、一応の対応が終わってひと段落した段階で、担当者どうしで反省会をしたときに出てきたトピックです。振り返ってみて **「そういえばここがポイントだったね」「ここがまずかったよね」** といった感じで本音として出てくるものについて、そこまで深く考えて整理した訳ではありませんが、いくつか挙げてみましたので検討してみましょう。

工学部生：何かプロジェクトが終了した後に、反省会と称して飲み会  をするのは、**どこか昭和な感じ**がしますね。コロナ禍が過ぎても、いまだにそういうことをやる習慣があるのですか？そういった飲み会文化は少し時代に合わない気もし

グローバル拠点における問題対応の例

- 社員からの苦情や不満、告発等を真剣に受け止めない
- 社外からの通報に対し、自社の問題ではないとして隠蔽方向での解決を図る
- 現地トップが自分の異動までの間、従来のプラクティスを「もたせる」
- 一度苦労して検討した問題点につき引継ぎがされない、引継ぎ自体が違法
- 再発防止策がマニュアルにアップデートされていない
- コンサルへ相談済みという報告を、本社サイドが真に受ける
- 日本人幹部が、現地の他の幹部社員とコミュニケーションがとれていない
- コンプライアンス・法務・経理などの分野に専門家がいない、人事が名ばかり
- 初動の際に十分な情報収集、方針を立てずに調査に着手する
- 普段から横の連携がないため、緊急事態にも他部署と責任を押しつけ合って、情報収集が全く進まない（当局に叱られる）
- 十分な調査を行なわずに、見立てに基づき懲戒処分を乱発する
- 証人や参考人となり得るスタッフ等を解雇、脅迫する
- 本社サイドの強すぎる介入による強引な解決（「そして誰もいなくなった…」）

ますが…。

野中：ええ、まあ、昭和というか、やっぱり本音で話してみて、**事案発生の原因や再発防止策を検討するのは、有意義**であると思います。フォーマルな場では出にくかった意見やアイデアが出てくる

こともあります。ただ、とても盛り上がって非常によい反省会となることが多いものの、翌朝には、議論した大事な内容を誰も覚えていないという問題点もありますね…。

事業部長：そのとおり。誰もメモをとるわけがないし、年とるとお酒を飲んで寝たら全部忘れちゃうし。その場が盛り上がればいいでしょ、別に。

一同：（あきらめ顔）

野中：このスライドに挙げた事項は、ある意味盛りだくさんで、丁寧に検討していきますと、３時間以上が軽く経ってしまうこともあります。本日は、そこまで時間をとりません。まず、これらの項目を見て、気になるものはありますか？

> ## ローカル専門家の意見への対応
> ## ～牽制球１回でも大違い

コンプラ部員：ローカルの拠点における「**コンサルへ相談済みという報告を、本社サイドが真に受ける**」という点は非常に気になります。ローカルのコンサルや専門家が言っていることを、初めから疑ってかかる訳にもいかないですし、実際問題として正しいかどうかを確かめようがないという現実もあります。

人事部員：野中さんが言われる「コンサル」「専門家」というのは弁護士も含むものと理解しています。

野中：早速に大事な問題点から選んでくれましたね。本社サイドとしては、ローカルにおける問題点をグリップする必要は常々感じているものの、「**自分が担当している間に何か変なことが起きてほしくない**」「**ややこしい問題にはなるべくなら関わりたくない**」という心理も少し働くことがあります。

法務部員：専門家に相談したうえで、「その国の法律、あるいはプラ

クティスとして問題ない」と言われたのであれば、大丈夫と考えてしまうのはやむを得ないと思います。ただ、**どう考えてもコンサルのアドバイスの内容がおかしくて**、「これって普通の感覚からすれば違法ではないの？」といった違和感を抱く場合もあります。

野中：後から振り返ってみると、本社サイドから、何が問題で、どうして問題がないといえるのか、その根拠などについてもうひと深堀りしておけばよかったと後悔することもあります。

コンプラ部員：もうひと突っ込みが足りていないという状況はよくわかりますが、実際にはなかなか専門家に対して踏み込めないものですよね。

野中：そこで、１つお勧めしているのは、少なくとも「**１回くらいは牽制球を投げてみよう**」ということです。それに対し、ローカルサイドあるいは専門家から**きちんとした回答が戻ってくれ**  **ば問題ない**といえますが、何の理由にもなっていない説明が戻ってきたり、何の返答もないのであれば、きちんと対応しておく必要が高まります。場合によっては、他の専門家からセカンド・オピニオンをとってみることも考えられます。本社サイドの担当者による１つの質問が命拾いにつながることもよくあります。

事業部員：そうは言っても、仮にローカルのプラクティスに問題のあることがわかったとして、ビジネスに直結するプラクティスではある訳ですよね。それを「**すぐやめましょう」という訳にもいかない**ですし、そういった隘路に立たされた場合には、どのように解決することがあるのですか？

野中：仰るとおり「違法になりそうなのでやめてください」といった**杓子定規の回答では何の解決にもならない**ですね。現地で続いてきた慣行と、法令・望ましいプラクティスとの間の妥協点をなんとか探っていくこともあります。

法務部長：そういった場合には、事案の重要度やリスクの程度にもよりますが、日本サイドから現地まで赴き、専門家を交えてよく議論をすることもあります。

野中：考えられるリスク、特に執行リスク、他企業のプラクティス、ビジネスインパクトなども総合考慮して、最善の措置をとることについて十分に議論をします。そのうえで何らかの合意をして、その検討過程や結果を記録化しておくことになります。

法学部生：野中さんがよく言われる、「**玉虫色の解決**」ですね。

一同：（苦笑）

野中：（心の中で「うっ」）。翻って考えてみますと、こういった事態に備えて、信用できる現地の専門家と日頃からオンラインなどでコンタクトをとっておくことも大事ですね。

部署ごとの横連携とコントローラーの必要性

法学部生：「普段から横の連携がないため、緊急事態にも他部署と責任を押しつけ合って、情報収集が全く進まない（当局に叱られる）」というのは、いかにも日本のお役所的な縦割り行政に見られる問題点ですよね。**こんな大人げのないことが実際にも起きるのでしょうか？**さすがにないですよね、いまどき、こういうのは？

一同：（ややうつむきかげん）

野中：残念ながらこういった事態はよく起こります。レポートラインとして**人事は人事**、**コンプライアンスはコンプライアンス、ビジネスはビジネス**とまさに縦割りの組織にしている場合もありますので、どうしても評価権者のことを考えて行動するというのは人間心理としてやむを得ないといえます。また、そういったレポー

トラインには必ずしもなっていなかったとしても、部署ごとに役割・業務があり、それをこなすのに精一杯です。他部署との連携を図る機会というのは、特別のプロジェクトでもない限り平時にはなかなかありません。

人事部員：そうすると普段から連携をしていないわけ
ですから、どうしても緊急事態においても**押し付
け合いというか、スポーツで言うところの「お見
合い」のような隙間ができてしまう**こともありそ
うですね。

野中：緊急時に迅速かつ的確な連携対応ができないといった状況に陥らないように、例えば法務部ないしコンプライアンス部署が中心となったり、専門家がプロジェクトをリードしてコントローラーの役割を果たすこともあります。

> 通報への真摯な対応
> ～リソースの範囲で

法務部員：他には**「社外からの通報に対し、自社の問題ではないとして隠ぺい方向での解決を図る」**という指摘も気になります。隠ぺいまではしないにしても、社外からの通報をすべて拾っていくほどのリソースを確保して、体制を整えていくのは実際には難しいです。そもそも通報の中には、単なるクレームみたいなもので、根拠が全く見当たらないような場合もあります。そういったもの

への対応は、優先順位が下がるのではないでしょうか。

野中：これは**「ビジネスと人権」におけるグリーバンス・システム**でも、いわゆる**一般的な内部通報の問題**にもあてはまりますね。一見根拠のない単なるクレームのような通報にどこまで真剣に対応しなければならないのかという問題です。

人事部員：内部通報対応で問題となっていることの1つとして「**担当者のメンタルをどうするのか**」という点が取り上げられていますし、「いちいち**全てに本気で対応しなければならないのか**」という指摘もよくわかります。

野中：私自身も企業から重ための外部クレーム対応をお願いされることもよくありますが、深夜に何度も罵声のようなメールを受けることは**精神にもこたえます**ので、気持ちはよくわかります。

事業部員：ただ、何か大きな問題が起きた後に振り返ってみると、「そ

ういえば**以前、似たようなクレームがあった**よね」ということがよくあります。ヒヤリハット的なものを含めると、だいたい似たような指摘を誰かしらから過去に受けているものです。

コンプラ部員：例えば、工場の騒音や機械の取扱いなど職場環境の安全性の問題などについて、「**元従業員からいろいろな問題点の指摘を受けていたけれども無視していた**」「本気では取り上げていなかった」ということは頻繁にあります。

野中：「実際に取り上げるか」という個々の判断は非常に難しいのですが、外部からの声であっても**隠ぺい方向での解決ではなく、真面目に受け止める**。それなりの検討をして白黒を可能な限りはっきりさせておき、合わせて対応策を検討しておくのが理想的です。勿論、現状のリソースとの関係もありますし、担当者に1人で対

応させてしまうようなことがあってはいけませんが。

> **ローカルにおける各部署の機能の補完、労務問題には要注意**

人事部員：「コンプライアンス・法務・経理の専門家がいない」「人事が名ばかり」という指摘は、黙って見過ごすわけにはいきません！専門家をそろえることはリソース面で難しいことがあるにせよ、**海外であっても「名ばかり」ということはさすがにない**と思います。これはどういう意味ですか？

事業部長：野中さんが言いたいのは、ローカルの拠点では、日本の人事部みたいに「人事がやたら力を持って威張っていることはないよ」というくらいの感じのことではないかな。それはそういう気もするよ。

人事部員：確かに他の日本企業の人事部では、とても**権威的というか威張っている人もいる**とは聞いたことがあります。そういう人事担当者はローカルにもいるのではないでしょうか。

野中：率直なコメント、議論を有難うございます。企業によっては、海外子会社におけるリソースの問題もあって、**人事が経理も総務も見ていたり、人事の主な仕事は給与計算だけということもあります**。いわゆる日本の人事部門のように、労務問題を扱ったり、昇格や懲戒の決定プロセスに関与していない、あるいは形式的に関与しているだけという場合も少なくありません。

コンプラ部員：そのような拠点では、例えば、現地のローカルの親玉のような人が、ある従業員をクビにすると決めると人事もそれにそのまま従うだけで、**処分内容についてはチェック機能が全くな**

いといった例もあります。

野中：特に、スライドに挙げたように「日本人幹部が、現地の他の幹部社員とコミュニケーションがとれていない」といった事情が加わりますと、**日本サイドからのコントロールは全く機能しない**ことにもなりかねません。

法務部長：逆に**コミュニケーションがとれ過ぎていた事例**ですが、何代もの日本人現地トップに仕えてきた、ローカル幹部社員による不正案件にも接したことがあります。

法務部員：人事部門が、労務関連というよりは人材登用をメインに担当し、自分の息のかかった人材ばかりを社員として雇い入れて幹部に据えるので、**現地トップも人事の言うことを聞かざるを得ない**というケースも聞いたことがあります。

野中：その状況に縦割りのレポートラインのシステムが加わりますと、**誰も現地トップの言うことを聞かず、ローカルでもますます人事が強くなる**という例もあります。

法学部生：一言で「人事」といっても、いろいろなパターンがあるのですね。

事業部長：確かに日本から現地トップとして派遣されても、何も自分では決められなかったこともあったよ。各部署のトップが対立し、その調整に追われてばかりいた時期もあったね。

野中：例えば現地の労務問題を考えるに当たっても、まずもって、**日本のように懲戒処分のプロセスがきちんと定まっていて、それに則って実施されていることを前提とするのは少し危険**です。

労働法制がきっちりとしている国であっても、実際の会社内のプロセスまで機能しているのか、そもそも規程があるのかもよく見

てみる必要があります。

人事部員：それは、日本国内でも実は当てはまることで、**日本企業あるいは外資系企業の日本法人においても、そういったケースが裁判で問題になる**ことはありますね。懲戒処分等にどうしても何らかの見えない力が働いてしまうケースです。

野中：国、エリアや企業によっても状況は大きく異なりますが、実際のプロセスについて**きちんと履践されていない前提で、1つ1つステップを踏みながら問題を見ていく**のが基本姿勢といえます。規程整備を含めた根本部分から見直していくのが早道になることもあります。

> 「引継ぎ」の重要性の
> 再認識

事業部員：「現地法人トップが自分の異動までの間、従来のプラクティスを**なんとか『もたせる』」という点**が気になります。「もたせる」というのは、問題のある従来のプラクティスについてそのまま問題視せず、よろしくないまま続けることであると理解しています。

あの紙飛行機は、すべてを
知っている…。

コンプラ部員：自分がかつて対応した案件で、問題の発覚が数か月間遅れてしまったせいで、**皆が何度もインタビューに呼び出された結果、ビジネスが停止せざるを得なかった事案**がありました。何事も無意味

に「寝かせる」のは勘弁してほしいという気持ちが強いですね。

事業部長：ちょっと耳が痛いね…。

野中：「あと半年、あと３か月で日本へ帰国できる」というときに、何か面倒なことを見つけてしまった場合、あるいは実は結構前から気づいていた場合であっても、**「なんとか、あと少しやり過ごしたい」**と思う心理はよくわかりますよね。

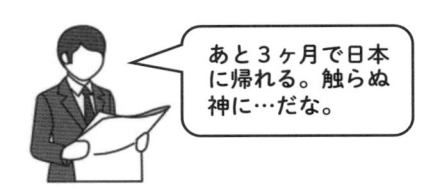

> あと３ヶ月で日本に帰れる。触らぬ神に…だな。

人事部員：これは日本においてもよく起こる事態で、なるべく「厄介な問題は次の人にそれとなく回してしまいたい」という心理が働きます。

野中：全く関係ないかもしれませんが、日本の裁判所でも年明けあたりに担当裁判官の異動が決まる頃から、急に事件の進みが遅くなり、当事者が困ってしまうこともありますね。

法務部員：次に担当する裁判官が判断を出すことになるから、「なるべく大事な部分は後任者に回そう」という流れになることは聞いたことがあります。

野中：フォローしてくれて有難うございます。話を戻しますと、そういった**後任者へと問題点がパスされていく、あるいは明確にパスもされないなかで、不正事案の発覚が遅れ、気づくとローカルで従業員や元従業員から訴訟が複数提起されてしまっていた**ケースもあります。

事業部員：現地トップが引継ぎ期間に、後任者と取引先に回って挨拶や懇親会の機会を設けるのが通常ですが、**肝心なリスクに関わる問題点については後回し**ということがありますね。

事業部長：送別会や送別ゴルフで結構忙しいんだよね。

野中：きちんとした**引き継ぎが大切**ということになりますが、その意味で、次の項目である「一度苦労して検討した問題点につき引継ぎがされない、引継ぎ自体が違法」という点が関係します。

コンプラ部員：引継ぎ自体が違法というケースも、実は結構あります。例えば「この件については、Ａ社の●●氏、Ｂ社の〇〇氏とよく話し合って数字を決めること」といった**競争法上リスクが非常に高い引継ぎ内容**などもあります。

法務部員：引継ぎについて議論していて思い出すのは、M&Aで何度も事業部とチームを組み、外部の専門家も入れて必死で対応したときのことです。そのディールを期限内に完遂することにいっぱいいっぱいで、チェック項目などが残されていなかったり、失敗や問題点が共有されていませんでした。そのため**M&Aのたびに毎回ゼロからのスタートになってしまっている**イメージがあります。

野中：最低限、問題点、**チェック項目などを議論して残して共有しておくことが必要**となりますが、実際問題としては、誰かがよほどリードして言い出さない限り、あえて時間をとってはやりませんよね。

法務部長：そういったポイントは、私が作っている**「虎の巻」ノート**に記載して皆に共有したつもりでしたけれども、あまり読んでいないようですね（ため息）。

法務部員：（小声で）あれは細かすぎて、あまり使えないんですよね…。

工学部生：あの２人、仲悪いのかなぁ…。

野中：議論を広げてくれて有難うございます。私が直接意図した不祥事対応の視点だけでなく、仰るとおり、**どういったプロジェクトにもあてはまるのが、引継ぎの重要性**といえそうですね。この点は、スライドに挙げた「再発防止策がマニュアルにアップデート

されていない」という問題点とも関連します。

人事部員：いろいろと検討した点につき、最後のひと踏ん張りで**記録化して残して未来につなげる**という締めの重要性については痛感しています。結構大変で面倒なことですが、今後はやっていきたいと思います。

野中：詰めが足りないのは私自身にとっても反省事項となることがよくありますが、いずれにしろ**最後は気合い**ですね！

法学部生：「気合い」と言われても。アニマル浜口さんじゃないんだから…。

事業部員：キミも結構古いね。

事案の初期段階における見立てが大切

コンプラ部員：1つめの**「社員からの苦情や不満、告発等を真剣に受け止めない」**という点は、先ほどの外部からのクレームへの対応と似ていますが、ついついやってしまいそうですね。

人事部員：だいたい同じような人が、何度も様々なクレームを繰り返すという職場を見てくると、「なんだ、またあの人か」「その前に、まず仕事をちゃんとやったら」という風に思ってしまいがちですね。

事業部員：前にいた職場で、とにかく何かあると本社直通のホットラインに連絡する社員がいました。**みな疑心暗鬼になって職場の雰囲気は悪くなり、みな見てみぬふりをして黙々と仕事をする**しかなくなりました。

野中：面倒な相談やクレームについては、どうしてもとりあえず聞くだけ聞いて

おいて、**実際の対応は後回しになってしまう**ことが多いですね。そういったなかに大きな問題の種が埋まっていることもあるのですが。

事業部長：結果的には小さな不満が大きな不祥事の原因になることがあったとしても、すべてに対応することはできないよね。その取捨選択の判断こそが難しいので、結局のところ、「大きな問題になるかどうかにつき**初期段階で専門家の判断をささっと求められるとよい**」よね。

先生、大きな問題になりそうですか？

大丈夫でしょう。

法務部長：そういった場面でクイックに相談できる人がいるととても有難いです。問題が大きくなるか否かのアセスメント、あるいは不祥事発生時の最初の見立て、対応ポイント、方向性などについて**タイムリーに相談できる専門家を知っている**と大変助かります。自分でも大よその見立てはありますが、やはり第三者の目でも確認できると安心できます。

野中：いわゆる案件になってからきちんと検討、対応することも勿論

大切です。ただ、トップマネジメントに報告するに当たって、「**他企業における経験を踏まえて助言がほしい**」「**簡単な概要説明だけはするから『とりあえず感触を聞きたい』**」という特に上級幹部の方からの相談も多いです。それぞれの立場の人にとって本当に役立つサービスを提供するのが弁護士の本分だと思っています（「よし、決まった」と内心で）。

工学部生：でも、そういうクイックな助言についても時間給で請求す

るものなのですか？

事業部長：キミ、大学生なのに、いろいろとよく実務を勉強しているね。

一同：（うなづく）

> ### 先を見据えつつ、バランスの
> ### とれた調査を進めよう

野中：鋭い突っ込みも入っておりますが…、このスライドの項目については、ほぼ網羅してきたように思います。**「初動の際に十分な情報収集、方針を立てずに調査に着手する」「十分な調査を行なわずに、見立てに基づき懲戒処分を乱発する」「証人や参考人となり得るスタッフ等を解雇、脅迫する」**といった対応については、内部調査等を実施している場面で出てくることになります。後ほど緊急対応の留意点でも説明しますとおり、バランスの悪い対応の一例ということがいえますし、後から後悔することの多い失敗例ですね。

法学部生：最後の**「そして誰もいなくなった」**というフレーズがとても気になります。

野中：はい、これは２つ上に記載した、懲戒処分を乱発した結果、インタビュー対象者が協力してくれなかったという例とも関連します。**本社サイドできっちり**

誰もいなく
なったニャ。

ピュー

と内部調査をしてインタビューを繰り返したうえで、厳しい懲戒処分による解決を進めているうちに、その他の従業員の方もやめていってしまった。気づいたら20数名のローカル社員がほぼいなくなってしまったというような事例です。

法務部員：いなくなったというだけではなく、その後、労働訴訟が乱発して、容易に撤退することもできず大変な事態が長く続くこと

もありますね。

コンプラ部員：では、そういった場合はどうすれば良かったのでしょうか。例えば内部調査を主導したコンプライアンス部門が悪かったとは一概に言えないと思うのですが。おそらくローカルの法律事務所なども起用して対応したはずですし。

野中：内部・外部調査の進め方、温度感の判断はとても難しい問題です。厳しすぎる処分をしてしまうこととは真逆の事態ですが、ローカル拠点で、ビジネス、人事、コンプライアンス、法務などが対立し、その**力関係次第で、なぜか不問とされてしまう不正事例**も結構あります。

事業部長：コンプライアンス部門による厳しい処分の提案に対して、ビジネスあるいは人事からの反発があったような場合に、そこをどのように調整するのか。例えば、困ったときには**諮問委員会のような複数のメンバーによる議論**を経て軟着陸させることも一案だよね。

法務部長：本社サイドでどちらかに肩入れし過ぎて、特に今回の例のように、コンプライアンス部門による統制を強くサポートした結果、ローカルの人が絶望的な気持ちになって、会社を離れてしまうという事態は避けるべきです。

法学部生：そうすると、**実際に「誰もいなくなった」という訳ではない**のですか。少しミスリーディングなタイトルではありますね。

事業部員：そこはまあ、だいたいでいいでしょうよ。

野中：1点、「十分な調査を行なわずに見立てに基づき懲戒処分を乱

発する」「証人や参考人となり得るスタッフ等を解雇、脅迫する」という項目との関係で少し補足しておきます。実際には、懲戒処分を乱発して関係する**従業員を解雇してしまった結果、その人から肝心なときに重要な情報を入手できずに、当局に報告もできなくなってしまった**事例もあります。

コンプラ部員：不正が起きたときには、現地として社員に対し給料を支払い続けるわけにもいかないと考えて、即刻解雇に踏み切ってしまうこともあり、そういったミスはしがちですね。

野中：はい、**「逢いたくなった時に君はここにいない」**という事態です。ちなみに、このサザンオールスターズの曲の中の「一番身近な相手を　他人の目の中でうぬぼれてた」という歌詞の意味がいまだによくわかりません。私の長年の悩み事の１つとなっていますので誰か解決してください。

事業部長：野中さん、そんなところで悩んでいたなんて、いくらなんでもちょっと呑気過ぎませんか。

一同：（苦笑）

事業部長：それはそうと、このスライドの検討で、もう本日の講義としては十分過ぎるのではないかね。そろそろ終わりにして一杯行きましょうや。**問題点がわかれば、あとはそれぞれの部署や現地で頭をひねって考えて動くだけ**なんだから。ここで僕らが議論したって何の意味もないだろうし。

法学部生：あなたも野中さんに劣らず、結構呑気ですよね…。

一同：（あきらめ顔）

今回の議論の 勘所

- ローカル専門家の意見への対応―牽制球1回でも大違い
- 部署ごとの横連携とコントローラーの必要性
- 通報への真摯な対応―リソースの範囲で
- ローカルにおける各部署の機能の補完、労務問題には要注意
- 「引継ぎ」の重要性の再認識
- 事案の初期段階における見立てが大切
- 先を見据えつつ、バランスのとれた調査を進めよう

第2章 平時対応

1 | 主な留意事項（その1）

——平時においては、どういった点に留意すべきでしょうか。たくさんのことが考えられますが、優先順位を付けつつ、検討していきましょう！

野中：それでは次のスライドへまいりましょう。**平時における留意事項**につき、いくつか挙げてみました。チェックリストとしても活用できるように、一応の整理はしてあるものですが、網羅的なリストという訳ではありません。この中で皆さん、気になる項目はありますか？

> **レポートラインを整備しよう**
> **〜世界地図で見える化**

コンプラ部員：どれも大事だとは思うのですが、まずもって1番上の「責任者の配置、役割分担、レポートラインの整備、人事評価」が基本になるのではないかと思います。グローバル拠点にリスク・アセスメントを実施して出てきた結論の1つとして、いくつかの拠点において、**どのリスク分野をどの担**

（平時）主な留意事項 （その１）

- 責任者の配置、役割分担、レポートラインの整備、人事評価
- 各種規程・ポリシーの整備・修正・アップデート
- 内部通報制度の整備、周知状況・効果・運用状況の確認
- リスク・アセスメントの実施、各現場における優先順位付け、中期 計画の策定
- 第三者・取引先のDD（表明保証、契約条項、チェックプロセスの 確認）
- 具体的な問題事例の集積・検討・記録化
- 再発防止策の定期的な確認・アップデート（担当者の交替時 etc.）
- 若手への伝達（それぞれの業務・立場での理解促進）、発言・指摘 しやすい風土づくり
- 類似事案発生可能性の検討と横展開（「他の国、エリア、現場でも 起きるのでは」）
- 必要に応じ失敗・苦労・学びを、取引先・関係業者とも共有・アッ プデート

当者がカバーしているのかが不明になっていました。エリアの統括会社あるいは日本の本社への**レポートラインが明確でなかった現地法人**も複数見つかりました。個々のリスク要因の有無を検討する以前の問題として、非常に不安に感じたため、直ちに対応したことを覚えています。

野中：ポイントをよく押さえられていますね！４つめの項目にある「リスク・アセスメントの実施」とも関連しますが、**１つの大きな世界地図みたいな紙に、各リスク分野の責任者、そこから日本本社**

ないしエリア統括を通じたレポートラインが明確に見える化できているといいですね。 少し大げさかもしれませんが、それだけで海外子会社管理の6、7割くらいはできたともいえるのではないでしょうか。欲を言えば、その世界地図に、何かあったときに相談できる**ローカルの専門家の顔写真などが連絡先とともに貼ってあってもよい**かもしれません。

法学部生：ちょっと子供の遊びみたいな感じですけど、そういうものでもよいのですか？

野中：はい、**コンパクトに見える化してあると安心感が違いますし、**網羅的であると**マネジメントできている感覚に自信を持つことができます。** 勿論、拠点の大きさによってレポートラインや役割分担は変わってきます。前のスライドでグローバル拠点における問題対応の例を見たときに「各部署の連携不足」による問題点も指摘しました。緊急時の連携不足を少しでもなくすためには、役割分担について平時に定めておくことが大事になります。ただし、役割分担といっても、拠点の規模によっては**「ほとんど全部私がひとりでやります」**といったところもありますので、そういう場合には別途考える必要も出てきます。

法務部長：レポートラインの整備に加え、「人事評価」方法もセット
　　で検討・工夫することも必要かと思います。例えば、現地トップ
　　がローカル社員の人事評価をする際に、本社サイドとの共同評価
　　にしますと、必然的に本社へ情報が上がりやすくなると思います。
野中：コンプライアンス意識の醸成との関係でも、人事評価制度をい
　　かに設定するかがカギになりますね。きっちりと整備してあると
　　ころは、まだ少数派かなとは思いますが。

> ## 1人で切り盛りする拠点の
> ## 場合にはポイントを絞って

事業部長：東南アジアで、ローカルのトップと日本人
　　1人の自分だけで拠点を回していた時代もあった
　　ね。他にローカルの従業員が何人かいたけど、**基**
　　本的には何から何まで僕がやったよ。とても楽し
　　かったし、やり甲斐もあったけど、本社からのいろいろなタスク
　　が全部自分に下りてきて、それにいちいち対応するのがとても大
　　変だった記憶があるよ。
事業部員：そういった1人ないし2人拠点の場合に注意すべきことを
　　議論してもらえると助かります。
野中：なかなか難しい問題なのですが、例えば、ローカルサイドから
　　挙げてもらったリスクも踏まえたうえで、「この国のビジネスと
　　の関係で出てくるリスクとしては、大きくこの3つがあります」
　　「そのうち、この国で最近特に注意が必要で、実際に起きている
　　のは、この2つです」などといった形でポイントを整理しておく
　　のがよいと思います。
コンプラ部員：会社で実施したリスク・アセスメントの結果や、現地
　　のコンサル・他企業等から入手した最新のプラクティス・リスク
　　情報をもとにして、**最低限のガイドラインを作成して共有してお**

くということですね。

法務部員：そのポイントをもとに2、3か月に1回、定期的に本社と情報・意見交換をするなどして、必要に応じてアップデートしていくのがよいのではないでしょうか。その現地法人に即したチェック項目ができると思います。

人事部員：ローカルで考えるリスクが本当に正しいのかどうか判断できるように、本社サイドも感度を上げておく必要がありそうですね。

事業部員：そういった現場に即したガイドラインがあると有難いです。ただ皆いろいろと忙しいので、ちゃんとチェック項目を読んでくれる暇がありますかね？

野中：たくさんの項目をリスト・アップしますと重たくなり、かえって使われなくなってしまいます。ポイントを3つくらいに絞り、しかも法律などの細かい点などには深く踏み込まず、**おおよそのところを把握してもらうことが大事**かと思います。

事業部長：イメージで言うと、普段はビジネスに邁進し、リスクのことについては十分に把握していない、いわば**お殿様に、最低限のポイントを伝えておく**という感じかな。

殿、躓きのおそれについてレクチャーさせていただきます。

よろしく頼む。

現地のビジネスやローカルの従業員のジョブ・ディスクリプションから判断して、リスクの高そうな業務に優先順位をつけて、対応してもらえるようお膳立てをする感じかもしれないね。

工学部生：いくら忙しいからといって、そんなことまで大人に準備してあげないといけないものなのですか？

一同：（心の中で「はっきり言うねえ…」）

野中：まあ、大人になっても実際に体を動かすのは結構ハードルがあるものですよ。夏休みの宿題を8月31日に全部仕上げるのと一緒で、ポイントを絞った計画を立てておかないと体が動きません。

事業部員：そのたとえは、それでいいのですかね…。
それはさておき、**「なんとなくおかしいな」という感覚**を現場レベルで持ったとしても、それを現地トップあるいは日本本社と共有するのにはなかなか勇気がいります。なにか後ろ向きのことばかり言う弱気な人間とは思われたくないですし、ビジネスをしに行っているわけですから…。

> インフォーマルな
> コミュニケーション
> ルートが大切

野中：リスク・アセスメントを実施すると、現地トップはインタビューなどで**「何も問題ない」と言い切ることがあります**。ただ、現場レベルの人から本音を聞き出すと、それとは異なる実態がわかり、有効な情報収集になることもあります。リスク・アセスメントといったフォーマルな形だけではなく、例えば「次の定期会議のテーマを詰めよう」「研修に向けたケース・スタディの内容を詰めよう」といった、下ごしらえのための**インフォーマルなコミュニケーションが大事**になります。トップだけでなく、現場レベルでもとれるコミュニケーションルートを持っておくとよいと思います。

法務部長：リスク・アセスメントのインタビューを実施していても、

上位と下位の立場の人とが同席していると、下位の立場の人は何も言わない、あるいは言うことができない場合も多いですね。そもそもインタビューを設

定する際に、時間の関係もあるとはいえ、個別ではなく皆一緒に まとめて聴き取ろうとしても、吸い上げが難しいことは多いです。

事業部員：トップからすると、**下位の立場の人が自分の見ていないところで何を言うかわからないのが心配**という側面もあるかもしれません。ただ、そうすると吸い上げができないまま、問題がマグマのように潜ってしまうような気がします。

事業部長：昔若いときに、現地トップと2人で工場へ行ったときも、現場の人は何も本当のことを話してくれなかったよ。ただ自分が1人で行くといろいろな情報を教えてくれることがよく  あったので、自分でも当時**そういう2つのルートを意識していた**気がする。野中さんの言うことはよくわかるよ。

FORMAL ROUTE　　　INFORMAL ROUTE

野中：いま議論していることは、次のスライドの最後の項目で言うところの「**真のレポートラインの設定**」とも関連しています。定期的な電話会議や研修といったイベント  に向けた準備段階の、いわばインフォーマルな吸い上げ体制を整えるということですね。トップとのフォーマルなコミュニケーションでは本当の問題は出てこないことが多いので、よりインフォーマルな現場レベルのコミュニケーション、いわば「真のレポートライン」を通じて情報を吸い上げるのが大事であると思っています。

事業部長：「真のレポートライン」か。なにかうまいこと言っている
のか、どうなんだかよくわからないけど、気持ちはわかるよ。

事業部員：そういったインフォーマルなコミュニケーションを通じて
信頼関係ができると、**何か問題が起きたときにはあの人に**相談
してみよう」「少しは助けてくれるかもしれない」と徐々に思っ
てくれるようになるかも
しれませんね。

野中：はい、このことは、よ
く皆さんが悩んでおられ
る**M＆A後の買収先への
リスク・アセスメントが進まないという問題**にも応用できます。

ふむふむ、相談に
のってあげようか

相手方の立場に立つと、いろいろと口出しはしてくるけれども「情
報を提供しても何のメリットも感じない」のであれば、情報を共
有しようという心情にはならないですよね。

法務部長：困ったときに一緒にコンサルを探したり、他の現地法人に
おける対応方法などを助言したり、買収先にとって何らかのメ
リットを与えつつ、少しずつ信頼関係を構築していくしかないか
なと思っています。

野中：このことは、若手や部下との信頼関係の構築にも似ていますね。
「何か困ったことがあったらいつでも遠慮なく言ってね」と10
回くらい言っても、誰も言ってきてはくれません…。

> **内部通報制度をグローバルで
> 整備するには、1つ1つ基本から
> 確認**

コンプラ部員：「内部通報制度の整備、周知状況・効果・運用状況の確認」
に関して、実際に内部通報制度を担当していますが、本当に悩み
の多い分野です。通報制度が整っていますと、**問題事象をマスメ**

ディアなど外部に出る前に**早めに拾えて対応すること**が可能になります。当局との関係でも、通報制度が整備されている点は良いコンプライアンス体制であると評価もされます。

法務部員：一方で、国や地域によって運用状況に大きな隔たりがあることも多いですよね。うちの会社の場合、ある国からは「食堂の料理が美味しくない」だとか上司の悪口ばかりが通報されてきています。実質的に制度が機能しているのか心許ないこともあります。

野中：どこの企業も悩んでいる分野です。いろいろな取組みが進んでいる企業であっても、内部通報制度についてはグローバル拠点において整備されているかがよくわからないため、**「自信を持ってホームページに記載しにくい」**と悩んでいることもあります。

人事部員：現行の通報制度が機能しているか不安なので、**「現時点で最もフィットする通報制度に変更していこう」**といった取組みを繰り返す企業もあるように聞いています。

法務部長：結局は、企業ごとの状況に即した対応が必要になると思いますし、正解はないところではありますが、強いて挙げるとして、目指すべき方向性みたいなものはありますか？

野中：個人的には、**完璧を求めるのではなく、まずは最低限の形を整えつつ、周知まではしっかりとしておく。**合わせて、ポリシーと実際の運用の確認をする。優先順位をつけつつステップを踏んで基本を固めていくのが良いかなと思っています。現実問題としては、内部通報に基づいて内部調査を時間もかけてしてきたけれども、**どれが「内部通報」だったのかがよくわからないというケース**も起こります。基本部分を整えていこうとするだけでも、

完璧を
求めない

海外の場合は一筋縄ではいきません。

> ## リスク・アセスメントを通じて
> ## コミュニケーションが密になる

コンプラ部員：「リスク・アセスメントの実施、各現場における優先順位付け、中期計画の策定」という項目ですが、毎年予算をとって検討、実施はしているものの、本当に意味があるものになっているのか不安に思うこともあります。

野中：各現場におけるリスク評価については、駐在期間の長い日本人の方であれば、何が起きているのかをある程度把握できると思います。そうではなかったり、以前にも議論したとおり、日本人幹部が現地社員とコミュニケーションがとれていない拠点ですと、自ら把握するのには限界があります。

法務部員：ただ**毎回リスク・アセスメントを実施するのも大掛かりで**はありますよね。

野中：正式なリスク・アセスメントを実施しないまでも、内部監査の一環としてインタビューを実施して状況を少しずつ把握したり、あるいは簡単なアンケート用紙でも情報を結構拾い上げることができます。

コンプラ部員：アンケートの聞き方次第では、いい加減な回答や、質問にかみ合っていない回答が戻ってくることもよくありますので、**質問内容には工夫をしています**。ただ、この現地とのやりとりは、リスク・アセスメントに向けた準備、インタビュー日程の設定とともにとても面倒な作業で、対応しているチームが疲弊してしまうことがあります。

野中：確かに大変なプロジェクトではありますが、このやりとりを通じて、現地の担当者の顔を初めて知ったというケースもあります。

コミュニケーションを通じて現地の状況をよく知り、レポートラインも明確になっていくので、リスクを把握するだけでなく、かなり有益な作業だと思っています。

法学部生：要は、コミュニケーションが大事ってことですよね。それにしても、なんか野中さんって、なんでもかんでもプラス思考ですよね。

野中：なんでもかんでもと言われると…。ただ、コンプライアンス全般を通じて「少しでも前に進んで改善ができていればよい」「少しでも対応したことをしっかりと記録化しておき、必要に応じて当局に示す」ということを心掛けています。**「前向きの」コンプライアンス**とでもいいましょうか。

> 過去事例はリスクの
> 優先順位付けに有用な
> 資料、失敗から学ぼう

法務部員：「具体的な問題事例の集積・検討・記録化」の項目についてですが、各拠点におけるリスク要因について優先順位付けをする際に、まずは各拠点で、**どういった過去事例やヒヤリ・ハットがあるかについて検討する**のが有益であること、そのための記録化であると理解しています。

コンプラ部員：何らかの取組みを実施する際に、網羅的に行なうのは現実問題として無理があることも多く、特に海外となると雲をもつかむような状況になると思いますので、**過去事例から攻めていく**のがよいと思っています。

事業部長：でも実際には、**どんな問題があったかについて現場ではいちいち整理していないのが普通**だよね。日々のビジネスを回していくだけで精一杯だし。僕がいた拠点では、人事やコンプラがそこまでしっかりと機能していなかったから、問題があっても解決

して終わりだったけどね。

野中：「過去事例の記録はあまり残っていない」という大きな企業も結構あります。現状ないのであればそれはそれで仕方ないのですが、**少しでも残しておく体制を整備していくのが理想**です。リスク・アセスメントのインタビューでは、聞かない限り出てこないですが、拠点で起こった過去事例について詳しく知っている人が、たいてい数人はいるものです。

勝利！

過去の対戦を全部
研究してるからね

コンプラ部員：先ほど出てきたリスク・アセスメントの事前すり合わせの際に、過去事例についてポツンポツンとローカルサイドから出てくることはありますね。

野中：そういった吸い上げ情報をきっかけに少しずつプールしていくイメージです。

法学部生：過去事例を調べるって、結局は「後ろ向き」のような気がしてしまいますね。

野中：**後ろも振り返りつつ、前に活かす感じ**です…。

法務部員：野中さんの言いたいことは、なんとなくわかります。その意味では、「再発防止策の定期的な確認・アップデート（担当者の交替時 etc.）」「若手への伝達（それぞれの業務・立場での理解促進）」「類似事案発生可能性の検討と横展開（「他の国、エリア、現場でも起きるのでは」）」「必要に応じ失敗・苦労・学びを、取引先・関係業者とも共有・アップデート」という各項目についても、共有する先が同僚、部署またぎ、外部と異なりますが、ある意味、同じ内容ですね。「せっかくの失敗から一緒に学んで前を見よう」といったイメージでしょうか。

野中：はい、今回一応項目を分けはしましたが、**失敗から学ぶ**ということで整理できると思います。同じ部署の同僚・後任者・若

手から始まって、他部署や必要に応じて外部関係者とも失敗と学びを共有しておけば、**１つの失敗で「２度いや３度おいしい」ということになる**と  思います。それでもまた失敗は起きると思うのですが、少しでもアラートを増やして発生の確率を減らそうという発想です。

コンプラ部員：「再発防止策の定期的な確認」との関係では、内部監査部門による検証も大事になってきますね。

法務部長：率直なところを言いますと、**あまり大きすぎない失敗は定期的に起きてくれたほうが、OJT による訓練にはなりますね。緊張感を保つためにも、かえってよいのではないかと思うことさ**えあります。その意味で、それほど失敗を恐れなくてもよいとも言えるのではないでしょうか。

今回も何とか不祥事の芽を摘むことができました

野中：以前、ある超一流の野球選手が「**失敗を繰り返していない人は信用できない**」と言っておられました。ただまあ、失敗が起きないに越したことはないですし、小さな失敗が大きなものにつながってしまうこともあります。**やっぱり皆苦しい思いを経験するのは可能な限り避けたいと思います**ので、まずは失敗を共有して学んでおこうということになります。なにか、重たいテーマですね…。

法学部生：野中さん、「失敗」という言葉を繰り返して、何かやらか
　　したのですか？もっと明るくいきましょうよ。コンプライアンス
　　を「明るく、爽やかに」がテーマじゃないですか！

一同：（苦笑）

野中：（心の中で「この学生、ただものではないわ…」）

今回の議論の 勘所

- レポートラインを整備しよう〜世界地図で見える化
- １人で切り盛りする拠点の場合にはポイントを絞って
- インフォーマルなコミュニケーションルートが大切
- 内部通報制度をグローバルで整備するには、１つ１つ基本から確認
- リスク・アセスメントを通じてコミュニケーションが密になる
- 過去事例はリスクの優先順位付けに有用な資料、失敗から学ぼう

2 主な留意事項（その2）

——平時の対応としては、おおまかに言うと、①教育・周知、②問題点の吸い上げ（体制とOJT）、③定期的リマインド・アップデートの3本柱を基本に据えていくのがよいでしょう。

研修受講のモチベーションを上げる

野中：では、次のスライド、平時における主な留意事項（その2）を見ていきましょう。いろいろと書いてありますが、最初の3項目は、研修の重要性や効果的な実施方法についてですね。法務やコンプライアンスの方は、様々な研修を担当されていると思いますが、どういったことを意識して研修を行なっていますか？

法務部員：受講者に、事前に研修の目的や意義を十分に理解してもらったうえで、**自分なりの問題意識を持ってもらうこと**ではないでしょうか。そうしないと、研修を受けさせられているという意識になってしまい、無理やり本業から離れて、**「時間の無駄」**という雰囲気になってしまいます。緊張感にも欠けるでしょうし、皆さん眠たそうになることも多いです。オンライン研修では本当に聞い

（平時）主な留意事項（その２）

- 定期的な階層別研修や「避難訓練」の実施、自分のこととして考えてもらう
- 研修をもとに現場との橋渡し（「学んだけど、理想論だよね」にならない）
- 研修受講者の上司らに対するフィードバック
- トップの意識の重要性、定期的にメッセージの発信
- 法的リスク・機微情報等を、本社サイドでも、定期的かつ適切に管理・吸い上げできる体制を、各現地法人等の実情に合わせて整備・構築する
- 具体的には、定期的な会議・電話会議、情報共有などのコミュニケーションや、研修実施に向けた問題事象の把握が効果的（「真の」レポートラインの設定）
- 現実的な対応として、内部監査チームとの連携
- ⇒起きてしまうのはやむを得ないが、①教育・周知、②問題点の吸い上げ（体制とOJT）、③定期的リマインド・アップデートの３本柱

てくれているのか心配になることもあります。

コンプラ部員：正直、研修を担当する側もなにか申し訳ないような気持ちで研修を繰り返していることもありますし、講師をしていても苦痛に思えることがあります。毎回より良い方法を試しているという感じで、内容面については、可能な限り最新情報を盛り込むようにしています。

法務部長：役員向けに外部から講師を呼ぶ際には、なるべく経験豊富で、具体的な面白い話をしてくれそうな人がいいですね。ただ、

　　　冗談がすべってばかりいる講師の場合には、その扱いに困ることはあります。

法学部生：それって野中さんのことですよね…。

一同：（苦笑）

野中：研修内容について自分のこととして真剣に考えてもらい、学んだことを職場で実践してもらうためには、事前にアンケート形式で、**どういったことを学びたいのかや、職場で悩んでいることなどを提出してもらう**のもよいですね。

法務部長：職場の上司が「頑張ってきて」「学んだことを後でフィードバックしてね」と**モチベーションを上げる言葉をかけて送り出してあげることも大事**です。「こんな忙しいときにまた行くのか」「あの件は大丈夫なんだろうな」と冷たい視線を投げかける上司もいるようですが、それは困りものです。そういった上司の気持ちもよくわかりますが…。

1つの理想

行ってらっしゃい

事業部長：僕なんかは、研修に行けると上司や職場から無理やり離れられて嬉しかったね。同期と久しぶりに会って毎回楽しかったし、必ず遅くまで飲みに出かけていたよ。**それも含めて研修だからね。**どんな研修を受けたかは、申し訳ないけど全く頭に残っていないけどね、わっはっは。

一同：（冷たい視線）

> **具体的なケース・スタディで緊張感を高め、役立った感を**

野中：まあ、そのあたりのモチベーションの上げ方はいろいろあると

思いますが、少なくとも**上司や職場のサポートは必須**です。研修内容にしても、一般論はそこそこにして、受講者が実際に職場で経験する、あるいは近々経験しそうな具体的なケースをもとに議論するのがカギかと思います。

事業部員：一般論や抽象論が長い研究者タイプの講師の場合には、普段は接しない**高尚な雰囲気は味わえるのですが、なかなかつらい**ときもありますね。

野中：様々なテーマで、あらゆる階層の方向けに研修講師の依頼を受けることもあります。その場合、事前に時間をとって、最近その会社で起きている具体的事例や、受講者の業務内容などをよく検討、議論します。それらの情報をベースに、**本当に起きそうな、あるいは起きているケース**を必ず研修に取り入れるようにしています。

事業部長：確かに、自分の職場と関係のないことを長々と話されても、真剣に聞く気にはならないよね。以前、公務員の友人から「セクハラの研修がいつも民間企業用のビデオで、みんな『おいおい、そんなことはうちでは起きない』『むしろ羨ましいよ』と言い合っている」という話を聞いたことがある。その友人のハラスメントの意識が低かった可能性もない訳ではないけど、やっぱり**自分の職場のこととして話を聞けないと身が入らない**よね。

工学部生：確かに、運転免許の更新の際に見たビデオはとても衝撃的  な内容で、その後の運転で緊張感がとても高まったのを覚えています。やはり**「明日は我が身」の研修**でないと緊張感を高めるのは難しいというのはよくわかりました。

事業部員：一単元ごとに簡単な選択肢によるテストが  あって、**その正答率が8割を超えるまで何度も受講し直さなくてはならない**というオンライン研修もありました。そのときはとても緊張して受講しました。その選択肢は似たような内容でとても難しく、「誰だよ、こんな意地悪な質問を作ったのは」「こっちは他の仕事で忙しいんだよ」と思ってしまいましたが…。

人事部員：同僚とケース・スタディで議論したうえで、それを皆の  前で発表したり、**ロールプレイをする研修**を受けたことがあります。他の研修に比べると、研修内容が記憶や実感として結構残った印象があります。先ほどの事業部長の話ではないですが、その後の懇親会でめちゃくちゃやらかしてしまった同期のことが一番記憶に残っていますが…。

野中：とても有益な指摘を有難うございます。そういったケース・スタディやロールプレイを取り入れている企業も多いですね。講師が議論をリードしながら、様々な現場での悩みを引き出しつつ、一定の方向性を出せると、受講生が腹落ちできる可能性も高まります。

法務部長：講師としてはちょっと負担に感じるのが本音かもしれませんが、ケース・スタディによるディスカッションやロールプレイを見ていると、**受講者の目の色が変わるのを感じる**ことがあります。

人事部員：より議論を活発化し、あるいはグループ毎にバランスが悪くならないように、どのようなグループ分けにするかを少し工夫する必要もありますね。

野中：ロールプレイをさらに進めて、いわゆる**「避難訓練」やシュミレーションを実施してみる**場合もあります。レポートラインが整っているかを含めて明確になりますし、実際にやってみると実は穴だらけだったことに気づくこともあります。その訓練やシュミレーションの結果を皆さんと議論しながら振り返ってみて、すぐに問題点に手を打っておくことはとても有効です。

法務部長：**研修後のアンケートも結構重要**ですね。質問を工夫することで、職場における問題点をあぶり出すことができる場合もあります。

人事部員：それと、**研修の体系**にも気を遣うようにしています。例えば、全社共通のものと、ローカルのリスクに応じた個別のものを組み合わせてみたり、Web研修と集合型研修のバランスも大事になるかと思います。

上司との懸け橋としての研修という視点

法務部長：「研修受講者の上司らに対するフィードバック」という記載が気になるのですが、これはどういったことでしょうか？先ほど少し話題に出たように、受講生の研修内容を職場に戻ってから上司へ報告する、というのも1つあるかと思いますが、それ以外に**フィードバックの仕方**としてはどのような方法があるのですか？

野中：現場レベルの研修を実施して、だんだん皆さんの場が温まってきますと、日々接している様々な問題事例についても話し始めてくれます。皆さんよく悩んでいることとして、「でもこれを上司

に相談したら、**『そういうことは黙って自分でなんとかしろ』と言われてしまう**」「コンプライアンス部門の人に相談しようとも思うが、なんか上司を飛び越えて報告するのもやりにくいし、上司からの評価も下がってしまう」「上司の上となると役員レベルになってしまい、そこにアプローチするのはさすがに畏れおおい」といったコメントをよく耳にします。

コンプラ部員：問題事例に遭遇しても誰に相談していいのかわからないし、結局誰にも相談できないということですね。

部下　　　　上司

野中：そういった部下の悩みを、今度は、その上司向けの研修で共有することがあります。上司からすると、「いやいや、上司は上司でいろいろと悩みがあるんだよ」「**部下には『何かあったらいつでも言ってくれ』『コンプライアンスは守れ』と口酸っぱく言っている**」などとそれぞれの立場で言い分はありますし、結構苦労もしています。そういった**両者の間の壁**を各研修を通じて埋めていく作業をする機会も増えてきました。

事業部長：いやあ、野中さんにそんなことまで頼るのはちょっと情けないね。僕だったら、問題点があればまずは職場で解決してきたよ。**部下の目を見ていれば何か問題を抱えているかくらいは直感的にすぐわかるものだよ。**研修で、上司と部下の橋渡しをするだなんて、ちょっとあきれて言葉が出ないよ。

事業部員：（小声で）そういう風に勘違いしている上司に部下から言えるはずがないですよね。最近の若者は一味違うということがま

だわからない古い人が多いのも困りものです…。

事業部長：キミ何か言ったかい？よく聞こえなかったけれども。

事業部員：いえいえ、独り言です。

野中：職場の上下関係などもあって言い出せないということはよくあ
　　　ります。時代ごとに様々な関係性があったり、情報化社会という
　　　ことで、現代の在り方がいいのか悪いのかはよくわかりませんが、
　　　**いずれにしろ上司も部下もうまくコミュニケーションがとれてい
　　　ない**職場はたくさんあります。

人事部員：研修終了後のアンケートの備考欄に職場の問題点を具体的
　　　に指摘したところ、それを上司がすべてチェックしていたことが
　　　ありました。その上司は、アンケートを研修担当に戻さないばか
　　　りか、それをネタにして問題点を指摘した部下にきつくあたると
　　　いった事例も目にしてきました。

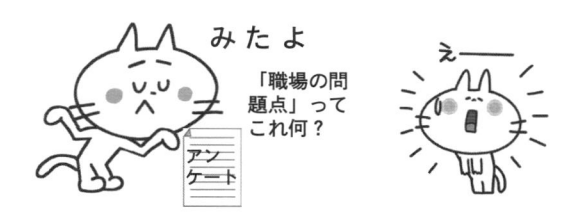

野中：そういう出来事、いわゆる**もみ消しが大きな不祥事事例の発端
　　　になる**こともあります。職場での吸い上げを補完するシステムを
　　　上手に構築していくのは大切なことで、**その1つが研修**というこ
　　　ともいえるのではないでしょうか。これは、1つ前のスライドの
　　　「若手への伝達」「発言・指摘しやすい風土づくり」とも関係して
　　　いる問題です。

**管理職サイドも
悩んでいる**

人事部員：関連するかわかりませんが、以前、人事部門でハラスメン

トに関する職場環境調査を実施した際に、管理職が、自分の上司の役員にも相談できないし、**誰に部下の指導について相談すればよいのか行き詰まっていた**ことを思い出しました。本来は管理職以外をメインの対象とした意識調査だったのですが、**管理職サイドも部下との接し方に結構悩んでいる**のだなと実感しました。

野中：ハラスメント、特にパワハラの問題では、もちろん被害を主張する部下サイドの相談窓口を広げることが最優先で、その動きは比較的進んできています。逆に、**部下の取扱いに悩む上司サイドの相談窓口**はほとんど設置されておらず、1人悩んで苦しむ方も多いのが現状です。

管理職の相談窓口はないの？

法務部員：何から何まで「パワハラ」と言われてしまう状況も起こり得て、**どちらが本当の被害者なのか**という問題も多く起きています。そういった意味でも、職場内の円滑なコミュニケーションの手助けの手段をいろいろと考えていくことが、研修という場面でも必要になっているのだと思います。

法学部生：大人の世界でも、やはりコミュニケーションというのがキーワードになるのですね。自分は体育会系の部活出身ですので、先輩には何も言えないというのはわかります。会社に入ってまでそうなってしまうのは、いわゆるブラック企業だけではないのですか。

工学部生：「あの会社はブラック」というコメントはネットでよく見かけます。ちなみに、野中さんが部下あるいは若手とのコミュニケーションで何か意識していることはあるのですか？本題とは離れるかもしれませんが、ちょっと聞いてみたかったので。

野中：うっ、そこを突いてきますか。私自身もコミュニケーションには正直苦労しています。自分に余裕がないときなどは特に、「**自分のリクエストメールに対して返事や報告が全くないのはどうしてなの？**」「なんだこのコメント、本当にちゃんと検討したのかなあ」などと思ったりしてしまうこともあります。

事業部長：自分の心の余裕次第っていうのは、なんとなくわかるよ。でも**余裕のないときの一言が人を傷つけてしまう**んだよね…。

野中：1つ「**若手を尊敬する**」ということを心掛けています。これは以前、米国のパウエル元国務長官の著書にあったのを見て心に残っているのですが、「**部下を立てるのではない。敬え**」というような趣旨の表現が刺さりました。

君の前途は明るい。
何事にも自信を
もっていくのだ。

先生、
あのときは
ありがとう

　考えてみると、**自分なんかよりもよっぽどすごいことをたくさん持っているのが若手です。そういった部分を心から尊敬するようにしています。** これは息子たちにもやるようにしています。心掛けるというよりは本当にそう思うことが大事なのかなとも思っています。とはいえ、まあ、何がより良いコミュニケーションなのかは、いまだによくわかっていませんが…。

部署連携のためのアプローチ

事業部長：先ほど、研修などにおいてはグループ分けを工夫するなどの配慮が必要というコメントがあったね。そのときは「なるほど」と思ったけれども、そうすると、今回の野中さんの講義の出席者についても、人事部や経営企画部かどこかともあらかじめ話

し合って決めたのかい。なにかはめられたみたいな感じでちょっと気になるなあ…。少し小生意気なインターンの学生まで傍聴して言いたい放題言っているし。

人事部員：（心の中で「さすがに、それはないでしょう…」）

野中：今回の講義は書籍化する可能性もありますので、なるべく幅広い部門から、経験豊富で、いろいろなご意見を率直に言っていただける人に参加してもらっています。

一同：ええっ、それ聞いちゃうと話しづらくなるんですけど…。

野中：またまたぁ（心の中で「そういうタイプではないでしょう…」）。実は、最近こういった部門横断的な研修や会議に参加することも増えています。例えば、**一口に海外子会社管理、リスク管理といいましても、実は様々な部署が関連しています。**それぞれの部署ごとに役割も異なるのですが、実際に緊急対応をする際にも、事前の体制構築の際にも、各部署が上手に連携していないとせっかくの体制が無駄になってしまったり、相乗効果が得られません。そのため、ビジネス部門も含めた様々な部署と一体となった会議や研修が増えており、私はとてもいい傾向だと思っています。そういったミーティングでは、いろいろと各部署に気を遣いながら、会議を円滑に進めるように心掛けています。

法学部生：なんか大人の会話ですし、野中さん、各部署の意向の調整とか得意そうですよね。

一同：（苦笑）

> ## 効果的な問題点の吸い上げ
> ## のための工夫に力を入れよう

野中：「法的リスク・機微情報等を、本社サイドでも、定期的かつ適切に管理・吸い上げできる体制を、各現地法人等の実情に合わせ

て整備・構築する」と「具体的には、定期的な会議・電話会議、情報共有などのコミュニケーションや、研修実施に向けた問題事象の把握が効果的（「真の」レポートラインの設定）」については、前のスライドで結構話したので詳細は割愛します。インフォーマルなレポートラインの設定による吸い上げが大事ですし、吸い上げのためには、ローカルサイドのメリットがないとなかなか進まない、**地道な信頼関係の構築が必須**ということでしたね。

コンプラ部員：「現実的な対応として、内部監査チームとの連携」という指摘は、よくわかります。リスク・アセスメントを大々的に予算をとってやろうとしても話が頓挫することがあります。**エリアやリスクの優先順位をつけるだけで時間がかかってしまう**ので、取り急ぎ内部監査チームが立てた計画に沿って、その往査に合わせて問題点を吸い上げていくやり方も効率的かと思います。ただ、企業によっては**内部監査部門のやり方が硬直すぎて、うまく協調できないこともある**と聞きます。うちの場合は部長同士の仲がいいので、うまいこと柔軟に対応できていますが。

野中：内部監査、内部統制、コンプラ、法務といった部署の関係性について、いろいろと議論する機会もあります。会社によって、歴史的な背景もあったり、組織変更がなされたりして、なかなか複雑なテーマですね。ここでは深く立ち入りませんが、それぞれの緊急事態におけるメインの役割分担からスタートしつつ、主、従といった役割にしてみたり、**ある程度のオーバーラップは気にすることはありません**。その時その時の人材配置、得意不得意分野のある人材がどの部署に在籍するかによっても状況は異なり

オーバーラップ
してもよいニャ

法務

内部監査　コンプラ

ます。基本的には**「会社がいい方向へ行くように仲良くやっていきましょうや」**という感じでしょうか。こういう複雑かつドロドロした問題についてはシンプルな考え方がいいときもあります。

法学部生：いくらなんでもそれはシンプル過ぎでしょう！

法務部長：どちらかというと、**リーガルは、地方分権として極力現場に任せる一方、コンプライアンスについては、中央集権的に本社がきちんと把握する**のがよいかなと思っています。1つの考え方でして、会社ごとに状況が異なるとは思いますが。

野中：それも1つの考え方だと思います。コンプライアンス研修との関係で、問題点の吸い上げについて話すことを1つ思い出しました。贈収賄や競争法について海外の幹部向けに研修を実施することもあるのですが、その場合に2部制にすることがあります。**第1部はフォーマルな形で、第2部は個別にもっと本音で、**という形式です。

第1部は
フォーマルに

第2部は
カジュアルに

その後に、個人面談風に実態を議論することで、本当に悩んでいることがさらに出てくることもあります。リスクすれすれのプラクティスであったり、真っ黒であったりして慌てて対応することもありますが、こういった工夫も参考までに挙げさせていただきました。

上に立つ者の姿勢が
職場に与える波及効果は大

事業部長：「トップの意識の重要性、定期的にメッセージの発信」とあるけれども、これは会社全体のトップだけでなく、特に海外拠点においては、そこのトップであったり、あるいは職場におけるトップ、上司の問題ともいえるね。**一見小さな出来事であっても、それに対して職場のトップや上司がどのように反応するのか**、どのような姿勢を見せるかによって他のスタッフに対して波及効果が大きいよね。例えば、僕が「コンプラがうるさいから」とか「こういうこと言うとセクハラって言われてしまうけど」などという発言を繰り返したり、研修に対して否定的な姿勢をとると、職場の意識にもつながってしまうと思う。

法務部長：とても良いことを言われますね。どうしたのですか、急に？

事業部長：こういったことを先月のセクハラ研修で聞いたから、さすがによく覚えてるよ。

一同：（納得）

人事部員：「メッセージの発信」との関係では、社長だけでなく、**各部門長からメッセージを出してもらって、イントラネット上で公開する**こともありますね。

事業部員：なるほど。そうすることで部門ごとの意識の違いが明らかになったり、部門長の日頃の言動と、そのメッセージとの違いにも気がつくことができますね！

事業部長：（少しうつむき加減）

野中：「定期的にメッセージの発信」という点について、特に海外拠点においては、例えば現地の最新情報について定期的に「今月はこの点について特に注意していこう」というリマインドをするだ

けでも効果はあります。

コンプラ部員：その際に**網羅的にしようとすると続かないので、コンパクトな形がよい**ということでしたね。

野中：こういった取組みにより、以前グローバル拠点における問題対応の例として挙げた「日本人幹部が、現地の他の幹部社員とコミュニケーションがとれていない」「コンプライアンス・法務・経理などの分野に専門家がいない」といった事項への対応策にもなっていくと思います。

人事部員：コロナ禍以降、在宅勤務であったり、**顔を合わせない社員らに対し現場トップや上司の意向をどのように伝えていくか**という問題もよく議論されていますね。結局はコミュニケーションの問題といえますが。

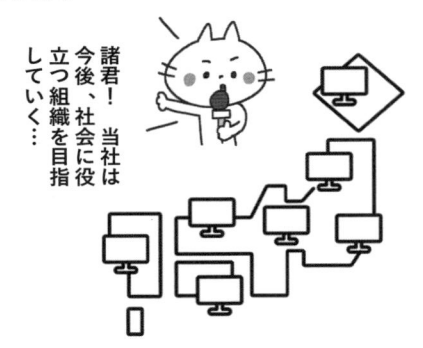

諸君！当社は今後、社会に役立つ組織を目指していく…

野中：平時の対応としては、起きてしまうのはやむを得ませんが、①教育・周知、②問題点の吸い上げ（体制とOJT）、③定期的リマインド・アップデートの3本柱を基本に据えていくのがよいかなと思っています。例によってきれいなまとめにはなっていないかもしれませんが…。長くなりましたが、このスライドについてはこれくらいにしたいと思います。

今回の議論の 勘所

- 研修受講のモチベーションを上げる
- 具体的なケース・スタディで緊張感を高め、役立った感を
- 上司との懸け橋としての研修という視点
- 管理職サイドも悩んでいる
- 部署連携のためのアプローチ
- 効果的な問題点の吸い上げのための工夫に力を入れよう
- 上に立つ者の姿勢が職場に与える波及効果は大

3 行動規範、ポリシー策定・改訂の際の留意事項

——平時対応の各論として、行動規範や各種ポリシー策定・改訂の際の留意事項について考えます。一口にポリシーを改訂すると言っても、部署間や海外拠点との調整などいろいろと苦労する場面も多いです。

ポリシー改訂のタイミング

野中：次のスライドは、平時対応の各論として、行動規範や各種ポリシー策定・改訂の際の留意事項についてです。まずそもそも、**どういった際にポリシーの改訂をすることを思い立つのが通常で**しょうか？前に少し議論したような気もしますが、再確認させてください。

法務部員：例えば、ある分野における日本のガイドラインが変更されたり、海外で重要な法制が定められたときなどです。**法律事務所のアラート記事**がたくさん送られてきたり、そのトピックのセミナーが開催されるので、そういった際に情報収集をしていきます。

コンプラ部員：いろいろなアラート記事やプレゼン資料が送られてきますので、それらを見比べていくうちに、なんとなくポイントはつかめてきます。関係する

> ## （平時）行動規範、ポリシー策定・改訂の際の留意事項
>
> ・どこまで詳しく定めるか、ショートバージョンにして下位規範に落とすか
> ・各論としての内規とのつながりで矛盾した表現がないか
> ・グローバルの行動規範との関係は？
> ・海外ローカルとの調整をどこまで行なうか
> ・部門横断にてチェックする必要性も
> ・現状の規程とプラクティスとの乖離に注意、形式と実質のいずれを重視するか
> ・具体例やQ＆Aを入れて使いやすくするか
> ・英語版の表現にこそ注力すべき

法令についてはわかったけれども、実際の運用は具体的にどうなるのかといった点も気になります。**法令等の施行日が３、４年先ですと、なかなかテンションが上がらない**こともあります。

野中：実際のプラクティスとして、どういったビジネス分野、リスク分野につき、**具体的にどういった対応を、どれくらいのタイムラインで実施すればよいのかを明確に伝えてくれるアラート記事**は助かりますよね。スライドには、実際にポリシーを変更していく場合に留意すべき点を順不同で記載してみました。時間との関係で、このスライドについては深く入り込みませんが、何か特に気になる事項はありますか？

> 海外との調整はひと苦労、そこまで
> 厳密な意味での日本コントロールは
> 不要の場合も

法務部員：ポリシーによって異なりますが、**海外との調整をどこまで行なうかは最も苦労するところの1つ**です。日本のポリシーをまず固めるのですが、そこから長い道のりになることが多いです。

コンプラ部員：海外拠点との間で、そもそもの価値観や考え方が異なる場合に、調整はだいたい難航します。例えば「**この分野は自分たちのほうがよりきめ細かく検討できている**」と考えている**欧米諸国との調整**では、「**なんでよくわかっていない日本からいろいろ言われなければならないんだ**」といった視点からの指摘があることもあり、調整に苦労します。

野中：そういった場合は、以前にも申し上げましたが、「**相手から教わる**」という意識で、**得意分野については先方リードで張り切って進めてもらい、全体のバランスの調整を日本本社**で行なうのがよいと思います。

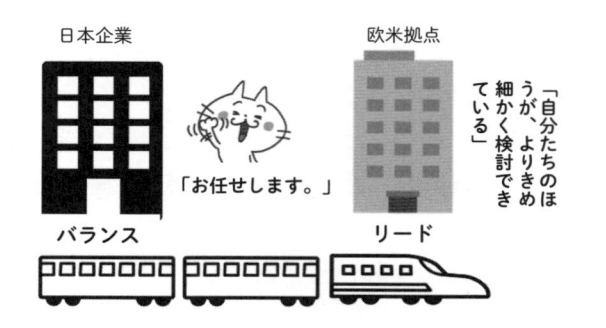

日本企業　　　　　　　　　　　　　欧米拠点

「お任せします。」

「自分たちのほうが、よりきめ細かく検討できている」

バランス　　　　　　　　　　　　　リード

法務部員：一生懸命担当してくれたローカルの方が**急に転職してしまって、後任者も決まらず、プロジェクトがまた最初からやり直し**ということもありますね。

人事部員：ヨーロッパとの調整において、例えば統括
　　会社がドイツにある場合に「なぜドイツ人の言う
　　ことに従わなければならないのか」「細かいことは
　　どうでもいいではないか」といった気質の国々も
　　あり、なかなか**日本サイドで思い描いたガバナンス体制が効かな**
　　いこともありました。
野中：リスク分野にもよりますが、そこまで厳密にガバナンス体制を
　　考える必要はないのかなというのが、いろいろと相談を受けてき
　　た者としての実感です。
コンプラ部員：例えば贈収賄ポリシーなどを東南アジアや南米などで
　　適用する場合に、本当に現地に即した**実質的な内容のポリシーに**
　　なっているのか、一応言ってみただけの**形式的なポリシーになっ**
　　ていないかという悩ましい議論が毎回出てきます。
野中：リスク・アセスメントや内部監査を実施する際に、基準がない
　　のではどうしようもないので、統一ポリシーをベースにして、完
　　全なものではないにせよ**一応のポリシーをきちんと国ごとに定め**
　　ておくのが最低限必要といえるでしょう。

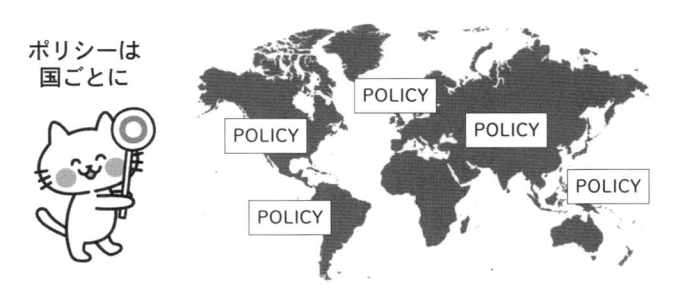

ポリシーは
国ごとに

　　ここらあたりの悩ましい事情が、「現状の規程とプラクティス
　の乖離に注意、形式と実質のいずれを重視するか」という問題意
　識になります。

現場からの不満の声が上がってくるのは、とてもいい状態とも

コンプラ部員：例えば贈収賄関連のポリシーを策定するに当たっても、規程は詳細にしたのだけれども、誰も事前決裁書を出してこない現地法人もありますし、承認必要金額が現実的ではないという不満ばかりが上がってくるエリアもあります。

野中：基本的には、本社のポリシーとの乖離を減らしつつ現地の実態に合った基準にしておくのがよいと思います。ただ、どのようにポリシーを定めたとしても不満が出てきたり、**アセスメントの結果、いい加減な承認・決裁プロセスの運用が判明する**ことはよくあります。

法務部員：不満が上がってきても、コミュニケーションがとれているのはプラスにとらえるようにしています。最近はいろいろなテクノロジーを用いてアラートが上がってくるシステムを導入している企業もありますが、「**テクノロジーやシステムがないからチェックできないんだ**」という説明をする現地の担当者の言葉には不安を感じます。

野中：ポリシー策定による基準づくりと、定期会議やコンプライアンス研修による意識醸成をしつつ、問題事項を吸い上げ、相談できる体制が一応整っているのであれば、システム化はプラスアルファーととらえることもできますね。

テクノロジーによる業務の最適化

コンプラ部員：とはいえ、テクノロジーの導入はAIを含めてどんど

ん進んでいます。贈収賄ポリシーとの関係では、支出金額一覧を AI で管理して、極端に大きな金額であったり、特定の相手方に連続して支出している場合にはアラートがきます。**米国司法省（DOJ）もそういったテクノロジーの活用には肯定的**であると理解しています。

DOJ　テクノロジーの利用に肯定的　日本企業

法務部員：平時対応の場面において、E メールのモニタリング、適切な廃棄・処分を含めた電子文書の管理、過去事例のデータ管理、情報ガバナンス体制の構築、緊急対応の場面でも、ドキュメント・レビューの際や人間関係の把握、削除メールの復元、AI 翻訳等々、テクノロジーの活用は必須です。

人事部員：最近は、AI の活用により、大容量のデータでも処理が可能になり、会計や経理上の不正検知の取組みも、ますます進化しているようですね。ちなみに、**EU の AI 法**についても今後は目が離せません。

工学部生：とても興味深いトピックです。リーガルテックや AI が不可欠なものとなっていて、その文脈で弁護士の仕事はいずれなくなってしまうかもしれないという悲観的な見方もありますが、この点はどうですか？

野中：私は前向きに考えるべきだと思っています。AI を含む技術で実現可能な正確性、網羅性、調査能力などが人間より優れているのは間違いないので、どんどん導入すべきです。そうしないと効率的な調査ができませんし、海外に立ち遅れてしまいます。**弁護士**

は守りの姿勢ではなく、**技術を活用しつつ、次のステージに向けて仕事のやり方を変化させなくてはいけない**というのが基本スタンスかなと思っています。

法務部長：それぞれの長所を活かし、弁護士としては、ある分野についての専門性、交渉力や説得話法、感情や機微を酌みこんで相手を説得する書面の作成、経験や他社事例から導き出すクライアントにとって最善の戦略提案、リスク軽減手法を提供することで力を発揮していただきたいと思います。

> ### 誤解を招きやすい
> ### 英語表現に留意

事業部員：「英語版の表現にこそ注力すべき」とありますが、これは当たり前のことのようにも思えるのですが、あえて指摘するほどのことなのですか？

野中：もし当然のこととして実践できているのであれば全く問題ありません。私が見てきた例ですと、**行動規範やトップメッセージなどHPに掲載する大事な記載の英文が、ネイティブから見て誤解を招く表現が含まれている**ことを心配しています。

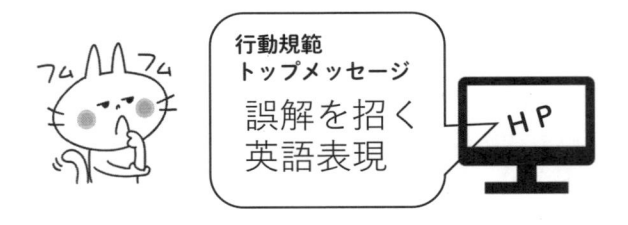

米国司法省（DOJ）の方やDOJ出身の方と話していますと、ある企業について情報を収集する際に、あるいは提出された資料の1つとして、**各種ポリシーについてとても関心を持って目を通す**こともあるようです。当然ながら読むのは英語版です。

法務部員：日本語版について関係部署と何往復もの調整をして、法的レビューも受けて、一言一句丁寧に作成したところで力尽きてしまい、あとは外部の翻訳業者に特急で仕上げてもらったというパターンもありますね。

野中：バタバタして作成した結果、英語版の内容が不十分であったり、誤解を招く表現が含まれたりすることには注意をしよう、ということです。

コンプラ部員：なるほど。そういった意味で、**読み手が誰なのかを含めて、英語表現には注力することが大切**ということですね。

野中：はい、日本人の企業担当者や同僚ともよく話すのですが、日本語のメールによるコミュニケーションであっても誤解を招く表現になってしまうことが多々あります。それが外国人のクライアント担当者や同僚とのコミュニケーションになると、**日本語を翻訳する形での伝え方だけでは、全く趣旨や意図が伝わらないことが多い**です。

法務部長：言語の違いというのは想像以上に伝わり方にも影響しますよね。自分でもコミュニケーションにおいて常に留意していますが、こと大事なポリシーでは一層注意したいと思っています。

頻出する質問に対してはQ&Aや具体例で対応

コンプラ部員：ポリシーや内規において、具体例やQ&Aを入れてわかりやすくすることも心掛けていますが、結構な労力になります。**どこまで対応すればよい**ものなのでしょうか？

野中：リスクの程度と質問を受ける頻度などとの関係にもよると思います。それぞれの企業にとってリスクの高い分野について、質問を受ける頻度が高い事項であれば、おそらくポリシーのみでは受け手が判断のつかない内容となっている可能性があります。共通

認識へ至るためのお互いの労力を減らす意味でも、**あらかじめQ&A やわかりやすい具体例などを入れ込む**ことで、ポリシーの内容をより明確化しておくことが推奨されます。

法務部員：ただ、どこまで具体化しても質問は出てくるでしょうし、「ポリシーの表現から勝手に判断して解釈していたことが、実は間違っていた」という例もしばしば起きますよね。

野中：ポリシーという**一応の基準があって**、設置された窓口との間で疑問点を**議論できる場がある**こと、**その場が利用されている**ことをプラス評価してよいのだと思います。**何事も完璧ではなく、よりよいものを目指すという姿勢**がよいのだと考えています。

法学部生：なんとなく野中さんが出す落ちは、「まあ、だいたいで」という感じのイメージが多いのですが、コンプライアンスというのは、そこまで大雑把なものでよいのでしょうか。なにか達観し過ぎのような気もするのですが…。

野中：うっ、**なかなか厳しいところを突いてきますね**。ここは専門家によって考え方が異なるところなので、私の考え方はそのうちの１つと捉えてください。基本的には、企業ごとに、エリアや国によって、あるいは状況次第で対応も異なる分野でして、**正解がないのが難しい**ところです。いろいろな事情を総合考慮しながら、その時点のベスト・プラクティスに向けて邁進する、そこがやり甲斐ですし、私の強みです（心の中で「決まったぜ！」）。

法学部生：私の質問には全く答えてくれてないような気もしますが、まあいいです。

一同：（苦笑）

野中：（がっかり）

今回の議論の 勘所

- ● ポリシー改訂のタイミング
- ● 海外との調整はひと苦労、そこまで厳密な意味での日本コントロールは不要の場合も
- ● 現場からの不満の声が上がってくるのは、とてもいい状態とも
- ● テクノロジーによる業務の最適化
- ● 誤解を招きやすい英語表現に留意
- ● 頻出する質問に対してはQ＆Aや具体例で対応

4 グローバル内部通報制度における留意事項

——グローバル内部通報制度における留意事項は多岐にわたります。制度をどのように運用するのかは各社各様であり、悩みどころも異なります。参加メンバーの熱量は高く、実務的な問題点や悩みが次々と紹介されています。

野中：もう1つ、平時で問題となる主なトピックとして、グローバル内部通報制度に絡む諸問題があります。企業によっては、**ヘルプライン**といったり、**ホットライン**と呼んだりするケースもありますね。米国司法省（DOJ）によるリソースガイドや量刑ガイドラインにおいても、**内部通報制度が設置されていること**はコンプライアンス・プログラムの一要素として評価されますし、経産省による外国公務員の贈賄防止に関するガイドラインにおいても推奨されています。

> **通報件数と通報内容のバランス**

コンプラ部員：内部通報制度については、**通報件数**を意識している企業もあると聞きます。「うちは、従業員〇〇人のうち1件」ということを正確に把握して、

> ## （平時）グローバル内部通報制度における留意事項
>
> ・ローカル吸い上げ型、統括拠点吸い上げ型、日本本社への窓口一本化
> ・窓口を外部業者に依頼するか、専門コンサルタントか？
> ・現地で受け付ける場合に、本社への報告をどこまで行なうか？
> ・通報の主体、通報対象、匿名通報の可否、言語は？
> ・個人データとの関係の留意事項は？
> ・運用開始後の通報担当者のトレーニング、担当者のメンタルは？

　　　自慢される方もいます。一方で、周知がしっかりとされていないせいか、通報件数が少なくて困っている企業もあります。

法務部員：通報件数は多いのだけれども、まともな通報がこないというケースも聞いたことがあります。うちも、エリアによってはそのような状況です。

人事部員：通報件数については、どのように考えておくのがよいのでしょうか？「**従業員100人のうち何件の通報があればよいのか**」ということを議論することもあります。

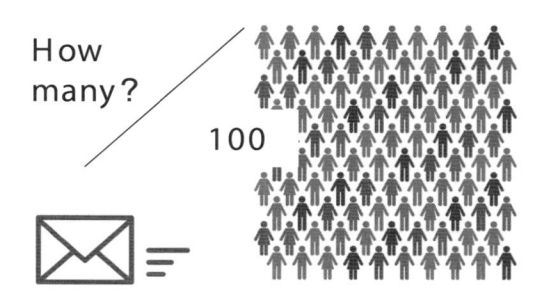

法務部長：「数より内容ではないか」「プロセスがきっちりとしている  のか」といった点によりフォーカスすることが多い です。確かに、いくら通報件数が多くても、仮に大 きな事象が起きてしまった場合に**「なぜこの重大事 案は拾えなかったのか」**「実際には機能していなかっ たのではないか」と言われかねません。その意味で、件数につい ては、あまり胸をはることができない場合もあります。

野中：このあたりは、企業によって問題意識が異なりますので、一般 論として語るのは難しいところです。内部通報制度に限らず、ど の体制構築、リスク分野についても形式と実質のどちらを重視す るのかという同じような問題があると思います。

> **複数のルートによる 選択肢の提示**

コンプラ部員：内部通報の吸い上げ方式や、窓口について、いくつか のルートが挙げられていますが、実際にはどの方法によるのが最 もよいのですか？

野中：毎度のことですが正解はありません。ローカルで吸い上げよう とした場合、ローカルのマネジメントから圧力が加わるなどして、 **トップの不正がもみ消されて日本の本社へ伝わってこなかった**と いう事例も見てきました。その意味では日本本社にグローバル窓 口を設けることが推奨される場合もあります。

法務部長：一方で「日本まで通報するのはハードルが高すぎるし、よ ほどのことでないと通報できない」という意見もあります。

事業部長：内部通報というのは、よほどのことが拾えればそれでいい のではないの。なんでもかんでも内部通報、というのはちょっと どうかね…。

コンプラ部員：ここらあたりの意見が分かれるのは、先ほども話題に

出ましたが、企業によっては通報が多すぎて、しかもいわゆる**ど
うでもいい通報が多すぎて困っている**ところもあるのだと思いま
す。逆に、いろいろと時間とコストをかけて通報制度を導入した
のはいいけれども、**実績がほとんどなく周知方法に悩んでいる**企
業も多いと思います。

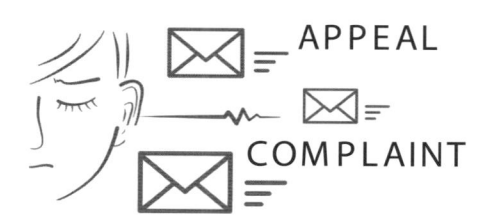

人事部員：私もあるエリアから、「工場の食堂のご飯が美味しくない」
　　　　といった通報や、「自分の評価が低いからグローバルに自分をア
　　　　ピールしたい」という**アピール型通報**というのも経験しました。
　　　　法律事務所ではなく、通報窓口専門の会社に依頼したり、コンプ
　　　　ライアンス部門に直結する窓口にする場合もあります。

野中：少なくとも複数のルートを提示し、通報者が選択できるとよい
　　　と思っています。通報対応や、通報に基づく調査対応を多数担当
　　　していますと、「**これは通報制度の悪用かもしれない**」「**これは通
　　　報制度を用いた他の調査への異議申し立てに近いな**」といった例
　　　にもしばしば遭遇します。

コンプラ部員：そういえば最近、米国司法省（DOJ）が、企業の内
　　　　部通報報償パイロットプログラムを導入し、個人が企業の不正行
　　　　為について直接 DOJ へ開示する新たな道筋を設けましたね。他
　　　　の米国の機関ですでに導入されていたものですが。

法務部員：企業としては、現行の内部通報制度がきちん
　　　　と周知されて機能しているのか、**従業員にとって通
　　　　報するメリットを感じるシステムになっているのか**
　　　　を再確認する必要がありますね。

人事部員：念のため、現行ポリシーの内容に、通報者が **DOJ とやりとりすることを不適切に干渉する部分がないか**もチェックする必要がありそうです。

事業部長：キミら、本当によく勉強しているね。野中さん、知らなかったんじゃないの、この話。とはいえ、またいろいろと複雑になりそうだね…。

> ### 対応スキル向上やチームの連携により窓口担当者の負担を減らす

事業部員：「通報担当者のトレーニング」「担当者のメンタルは？」という記載がとても気になるのですが？

ストレスにゃ

野中：通報の**窓口を担当する方のストレスは非常に大きい**です。場合によっては、通報がかなり機微かつ深刻な内容になることも多く、また昼夜を問わず何度も通報が繰り返されるケースもあります。

コンプラ部員：**通報対応の職人のような方**がいる企業の場合はよいのですが、そういった職人を**引き継いだ担当者**の場合や、そもそも窓口のリソースが足りていない場合に、どのように聴き取りを実施すればよいのか、どのような基準をもって内部調査に進めばよいのかなど、とても悩ましい判断を迫られることが少なくありません。

野中：そういった場合に備えて、聴き取りのトレーニングや、担当者の負担を可能な限り少なくする取組みを行なっている企業もあります。

事業部長：昔よくインタビューをやったけど、まあ、結構スキルが必要だよね。そればかり担当させられたら自分でも心がもたない

ね。必ず２人ないし複数人で対応するようにしないといけないし、迷ったときに**常に相談できる上司やチームの存在**が必須だよね。

野中：内部通報に基づく調査については、内部調査一般にもあてはまることですが、インタビューの仕方によっては、「通報内容が正しいことを前提にした**決めつけのインタビュー**だった」「具体性の欠けた事実適示ばかりで、反論のしようもないまま事実認定がされてしまった」といった不満やクレームが出されることもしばしばあります。

コンプラ部員：**通報者が誰かを特定されない**ように聴き取りを行なうのは結構難しいので、インタビューの仕方にも工夫が必要です。どのように聴いたとしても、インタビュー対象者から一定程度不満が残ってしまうのはやむを得ないのではないでしょうか。

法務部員：先ほど野中さんも言われていましたが、内部通報にいくつかのルートを設けて、吸い上げ体制を広げるのがあるべき方向性というのはわかります。ただ、裁判のように、**内部調査の結果に不満のある当事者が何度も別のルートを使ってチャレンジしてきて、会社内部の紛争が終わらない**という事態も経験しました。

事業部長：以前、なんでもかんでも本社の内部通報窓口に伝えるローカルの社員がいて、**みな疑心暗鬼**になって、職場の雰囲気を安定させるのに苦労したことがあったよ。内部通報ということで本社の担当者も真面目に受け止めてしまうし、その通報者だけが職場で浮いている存在であることを本社サイドになかなかわかってもらえず、大変だったね。

> **内部通報制度による
> 吸い上げの良い面に着目**

法務部員：とはいえ、不正を吸い上げたり、被害者からしたら最後の砦でもあるわけです。そもそも外部にいろいろな情報が漏れて、マスメディアに取り上げられたり、関係当局から刺される前に自浄作用を働かせるためにも有効に機能させていきたいです。**悪い面ではなく良い面を評価していきたい**と思っています。

事業部長：それはそのとおりだね。説得力あるよ。

野中：いろいろな企業の相談を受けていますが、仰るとおり悩んでいるポイントは皆それぞれ違っています。そういった悩みをどこの企業も持っていることを知ることで少し気を楽にして構えていただければよいかなと思います。

法学部生：そういうまとめでいいんですかね…。学者の方から叱られそうですけど。

一同：（苦笑）

今回の議論の 勘所

- 通報件数と通報内容のバランス
- 複数のルートによる選択肢の提示
- 対応スキル向上やチームの連携により窓口担当者の負担を減らす
- 内部通報制度による吸い上げの良い面に着目

第3章
緊急対応

1 主な留意事項
2 当局対応のポイント
3 緊急対応の方向性

1 主な留意事項

——緊急時の役割を具体的に考えることで、日常業務においても、その役割を何のためにこなしているのかを考えるきっかけになります。正確な情報収集、事実関係の把握、再発防止策の策定、関係当局への対応など、様々な局面における留意事項について一緒に考えてみましょう！

正確な情報収集が大前提

野中：次に、**緊急時の対応**について見ていきます。平時の対応や体制構築をしていくに当たって、緊急時に役立つかがカギになりますので、常に事前と事後はセットで考えていくことが大事です。緊急時の役割を具体的に考えることで、日常業務においても、何のためにその役割をこなしているのかを考えるきっかけになります。

法務部員：緊急対応においては、すぐに一報を入れてもらうことが前提ですが、そのうえで本社サイドとしては**正確な情報収集**がまずは大事かと思います。他社の人から聞いた事例ですが、最初のビデオ会議では**インドネシアで起きている事例として検討し**ていたけれども、**実際にはマレーシアの事案だった**ことが後から判明したこともあったそうです。

（緊急時）主な留意事項

- ・調査対応メンバー・役割分担の明確化・対応窓口の一本化
- ・ローカルチームとの協働
- ・正確な情報収集、多角的視点に基づく全体計画や段階的目標の設定
- ・事実関係の把握、質問事項の準備
- ・聴取の実施順序、被害者・参考人等の聴取の際の留意事項
- ・真相究明・原因分析と再発防止策の策定
- ・関係当局やマスメディアへのアプローチのタイミング、内容、方法の検討
- ・取引先、消費者、被害者、家族・遺族とのコミュニケーション
- ・各種懲戒処分、社員へのフォローアップ、訴訟等への対応

コンプラ部員：アフリカの国でも似たような事例を聞いたことがあります。さすがにそんなことは通常あり得ないと思うのですが、**似たような事案が頻発**していたり、**忙しさがピークにあ**

るときや、**リソースが足りない**とそういったことも起こるかもしれません。

法務部長：出だしから情報が錯綜して、本社サイドでバタバタしているうちに、業を煮やしたローカルサイドが警察官にお金をたくさん支払ってすべてを解決してしまった事例も聞いたことがありま

す。その後、ずっと何も問題にならないこともあり、何がより良い解決だったのかは誰もわかりませんが…。

野中：もちろん最初は不正確な情報であっても、アップデートしていくことはありますが、まずは短時間による正確な情報収集が必須となります。海外で情報漏洩があった際の GDPR に関する報告義務など時間制限がある場合には、より切迫した状況のもと情報収集をしていくことになります。

チームメンバーの
役割の明確化

コンプラ部員：週末がはさまる場合や、時差との関係でバタバタになることがよくあります。そういったときに休日返上で、一緒に日本サイドから海外をコントロールしつつ対応してくれる弁護士を知っていると、とても助かります。

法務部員：正確な情報収集の前提として、その案件における調査対応メンバーを確定し、各メンバーの役割分担を明確化することも大事だと思います。

人事部員：マスメディアや、関係者・取引先への対応を含めて、発信する情報が錯綜しないように窓口を一本化することも大切だと思います。なかなか最初はバタバタして、チーム構成がはっきりしないうちに窓口が複数になってしまうこともありますが…。

野中：野球でいうところの、ショート、レフト、センターの間に打球が飛んで、みな**お見合いになって隙間に落ちるテキサスヒット**がこわいですね。皆それぞれ、ややこしいことにはなるべく関わりたくないですし、それぞれが「この件は別の部署やチームの担当だ」と思っているうちに、どんどん時間が経過してしまうこともあり

ます。

法務部員：消費者、被害者や遺族とのや
りとりを行なう際にも、それぞれの
部署の担当者が異なることを言って
しまったため全く信用してもらえず、
よろしくない事態へ進んだこともあ

りました。最近はマスメディア対応の訓練をしたり、各種助言を
してくれるコンサルも多いですね。

野中：ただ一番大事なことは、きちんと正確な情報を収集したうえで、
専門家の助言を参考にしつつ、対応方法・戦略をチーム一丸となっ
て練り上げたうえ、会社全体として腹落ちしていることだと思い
ます。そこをしっかりと押さえた後に、伝え方やタイミングも大
事になってくることは皆さんご存知のとおりです。

> ### 客観的な視点を持った
> ### 冷静な判断者によるサポート

法務部員：実際に緊急対応をしている部署が、**より間違いのない方向
へ進むうえで留意すべきこと**はありますか？

野中：**「多角的視点に基づく全体計画や段階的目標の設定」** と記載し
ましたが、大局的かつ客観的な視点を持つ冷
静な部署ないしアドバイザーの存在でしょう
か。不祥事対応をしているときは、基本的に
目の前で起きていることへの対応しか考えな
くなってしまいますし、それで精一杯になり
ます。私自身も必死で動いているときにはそ
うなりがちです。そういったときに少しマク
ロの視点から冷静に考えられる人や部署の存
在が不可欠になります。

冷静に

コンプラ部員：目の前の内部調査やインタビューで、責任追及や懲戒処分ばかりにやっきになって、**肝心な従業員に協力してもらえない**ことがありました。インタビューができず、情報も得られず大変困りました。

法務部員：厳しい絞りあげるような調査・インタビューをしてしまい、その**従業員が退社後に会社を訴えてきて、解決までに数年間かかった**ケースもあります。

野中：会社内部に、例えば法務部門、コンプライアンス部門あるいはどこかの部署が、そういった客観的な視点を提供する役割を担い、各部署が連携することで、バランスのよい進め方、対応ができることもあります。

人事部員：何度か野中さんが言ってますが、普段の業務を行なう際にも、時折**緊急対応の際の役割について思いを馳せてみようかしら**。普段から考えていないと、いざ急に連携と言われてもうまくいかない気がしますし…。

野中：最近は、部署をまたいだ研修・戦略ミーティングに呼ばれる機会も多くなりました。その際に、外部者で会社のことをよく知らない、**いわば仮想の「敵」を相手にすることで、部署ごとにあった壁が氷解する**こともあります。共通の敵に向かうときにチームが一体化することはよく目にしてきました。

仮想敵　団結

工学部生：そういった時に、野中さんはいわば**悪役を演じる**ことになると思うのですが、孤独ですよね。それは受けて立つという感じ

なのですか？

野中：はい、それが私の仕事ですし、好きな言葉は「孤高のオフローダー」です。孤独はそれほど悪くないですし、姑と妻が仲良くなるためには、息子であり夫である男性にちょっと問題があったほうがいいって言うじゃないですか。

工学部生：すいません、**そのたとえの意味はよくわかりません**…。

「見立て」に沿いつつ、柔軟な軌道修正も時には必要

野中：失礼しました。いずれにしろ多角的視点に基づく全体計画や段階的目標の設定をすべく、「見立て」を早い段階で持つことになります。**最悪のシナリオとして、どういった事態が想定されるのか、事案解決に向けた一応の道筋を見極めるといった感じです。**

調査や対応が進んでいくうちに、当初の見立てに修正すべき点が判明することもままあり

【最悪のシナリオ】

あっ、せっかくのアイスこぼしてしもうた。

ます。その場合には柔軟に軌道修正していくことになります。

事業部長：当初の見立てに固執したばっかりに、**数十人に対してインタビューを実施したけれども何も意味がなかった**という事例も過去にあったね。

法務部長：全体の方針を立てていく際に、ローカルサイドとの調整に苦労することもあります。本社サイドとして**ローカルの方針に安易に従わず、毅然とした態度を貫く**必要もあります。なんとなく気まずいこともありますが。

野中：はい、本社の強みであり、つらいところでもありますよね。調査の進展状況を見つつ、「関係当局やマスメディアへのアプロー

チのタイミング、内容、方法」についても合わせて検討を進めて
いくことになります。

ある程度の「事実認定」をしながら調査を進める

コンプラ部員：実際に調査を開始していく段階になると、「事実関係
の把握、質問事項の準備」や「聴取の実施順序、被害者・参考人
等の聴取の際の留意事項」について検討していくことになります。
ここでいう「事実関係」というのは、**初期段階の正確な情報収集
や「見立て」と比べて、より具体的かつ詳細な内容になる**と思い
ます。インタビューを実施する際に、**ある程度事実関係を固めて
おかなかったため、インタビューで出たとこ勝負になってしまい
失敗した**こともありました。

人事部員：事前情報が少なくてやむを得ないこともあるかとは思いま
すが、**インタビューをするたびに、皆がいろいろと異なることを
言ってきて、それに対してこちらから事実に即した反論ができな
いと大変**ですよね。「インタビューはたくさんしたけれども何も
決められない」という状況に陥ってしまいます。

法務部員：よくあるケースですし、お二人が言ってることはとてもよ
くわかります。その意味では、野中さんはさらりと書いています
が、「事実関係の把握」のところは、どこまで事実関係を掘り下
げるかも含めて、結構大事なのではないかなと思います。

野中：私の簡潔過ぎる表現に深みを与えてくれて感謝します。ここら
あたりが、**偏見と「事実認定」の違いで難しい**ところなのですが、
関係書類や状況証拠、あるいは過去の経験に基づく推測などを駆
使して、ある程度「事実認定」をしつつ、先ほど出てきた「見立
て」に沿って調査を進めることが大事だと思います。

コンプラ部員：「ローカルチームとの協働」との記載もありますが、**ロー**

カル拠点に味方がいないと情報収集でとん挫することもあります。裁判や捜査のように証拠がそろっている訳ではないですし、調査する側が強制する権限を持っている訳でもないですし。

野中：いろいろと制約があり大変ではありますが、ここらあたりが内部調査における腕の見せどころともいえるでしょう。こういう話を若手や学生にもよくするのですが、あまりピンとはこないようです。

工学部生：はい、**あまりピンときません。**そういった内部調査についての説明でこの分野に惹かれる人っているのですか？

> **インタビューの順序、
> 手法にも工夫が必要**

コンプラ部員：大丈夫、**内部調査の面白さ**はいつかよくわかりますから。ちなみに、インタビューをする順序にも結構気を遣いますね。以前、まずローカル拠点における**親玉みたいな人**から最初にインタビューをしたのですが、その後のローカル社員全員が、インタビューでその親玉と**全く同じことしか言わず、調査に進展のない**ことがありました。

法務部員：どのような順番で聴いたとしても結局は同じになることもありますが、**インタビューの順序**については現地の状況なども踏まえてよく検討する必要がありますね。

野中：聴く順序や質問事項については専門家の助言を聞いておくほう

109

が無難です。また、質問の仕方についても、**後から録音されていたトランスクリプトが裁判の証拠として出てきて、「強要しているインタビューだ」などと言われることもあります**ので注意が必要です。これもケースバイケースなので、どういった方法が正解かを一般化することまではできないのが難しいところです。

法務部長：事情をよく把握している社内担当者がインタビューをする場合、「その説明では信じてもらえないこと」が明確なこともあります。そういった時には**「その説明では通らない。何か言いたくなったら連絡してほしい」**と伝えておくと、あとから正直に打ち明けてくれることもよくありました。

野中：その意味では、**よりよく社内事情を知る担当者と、社外の専門家（例えば弁護士）による連携のもとインタビューを実施する**ことが、より効果的になる場合もありますね。

インタビュー対象者の身の安全を

コンプラ部員：最近は**オンラインによるインタビュー**も増えてきましたが、その場合であってもインタビュー対象者の身の安全について気を配る事例もあります。被害者や目撃者など参考人的な立場の人が安心して証言できる環境を整えないと、話すのをやめてしまうことも過去に何度か経験しました。

野中：仰るとおりです。インタビュー対象者が、対立するグループから調査に協力しないよう拉致されてしまった事例もあります。最近は**海外の内部調査において身の危険があるケース**も出てきています。私も「野中さん、現地に行ってきてください。片道切符かもし

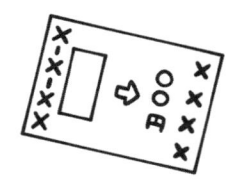

れませんが」と半分冗談で言われることもあります。

事業部長：その冗談はちょっときついね…。

原因分析・再発防止策が今後の平時対応の大事な素材に

コンプラ部員：調査が進んでいくなかで「真相究明・原因分析と再発防止策の策定」をしていくことになります。当局やマスメディアへの説明のためには、ある程度のスピード感が必要になってきます。そこで、まずは大枠の方向性について把握し、更なる被害拡大を防止する意味での、**急ぎの再発防止策を策定していく**ことが大事になると思います。

法務部員：スピードと詳細さのバランスを意識することにしています。以前先輩から「巧遅は拙速に如かず」と指導を受けました。

野中：そのあたりのバランスの判断も難しいところです。別の視点から1点コメントですが、様々な事案を見ていますと、何か起きる際に**ヒヤリ・ハット事例**や似たようなケースが過去に起きていることも多いです。真相究明や原因分析をしっかりと行なって、ある程度**記録化**しておくと、平時の対応の際にリスク評価をしたり、優先順位をつける際に役立ちます。

法務部長：研修のケーススタディの素材としても重要な資料となりますね。

他国の訴訟・調査への影響を考えるべきケースも

人事部員：再発防止策の検討とともに「各種懲戒処分、社員へのフォローアップ、訴訟等への対応」についても並行してみていくことになります。先ほど問題対応の例でみたとおり、懲戒処分の乱発に気を付けるほか、社員へきちんとフォローアップをしないと皆モチベーションが下がったり、会社をやめてしまうこともあります。**会社の対応に絶望感を抱いて、当局に駆け込んだり、裁判に至るケース**も経験してきました。

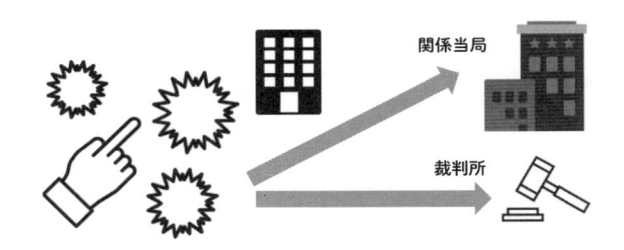

法務部員：その国の訴訟だけでなく、場合によっては**他の国への訴訟や調査へと波及していく**こともあります。事案によっては、秘匿特権などの問題を含めて慎重に進めるべく、専門家の助言も受けながら対応しています。

野中：紛争が続くケースも多いので、先を見据えたり、情報管理についても留意が必要ですね。一応ひととおり、このスライドに出ている項目については網羅したかなと思います。

今回の議論の 勘所

- 正確な情報収集が大前提
- チームメンバーの役割の明確化
- 客観的な視点を持った冷静な判断者によるサポート
- 「見立て」に沿いつつ、柔軟な軌道修正も時には必要
- ある程度の「事実認定」をしながら調査を進める
- インタビューの順序、手法にも工夫が必要
- インタビュー対象者の身の安全を
- 原因分析・再発防止策が今後の平時対応の大事な素材に
- 他国の訴訟・調査への影響を考えるべきケースも

2 当局対応のポイント

——日本企業にとって海外の「当局対応のポイント」とは何でしょうか。日本で当たり前のことも、海外では決してそうではありません。専門家に依頼しつつも自ら考え、行動するために必要な知恵が話題になっています。

野中：それでは次のスライドの、緊急時の一場面としての当局対応のポイントへまいりましょう。このトピックについても、具体例とともに議論を始めますと際限がありませんが、ポイントを絞って見ていきたいと思います。先日も米国司法省（DOJ）出身の弁護士と話していたときに、**「正確かつタイムリーな報告が大事だよ」**と言っていました。まあ、それを実践するのが結構難しいのですが…。このリストの中で気になる事項はありますか？

> **実際には、国やエリアで、あるいは担当者ごとに対応が異なる**

人事部員：ふとスライドを見て思ったのですが、当局対応とひとことで言いましても、例えば欧米とアジア・アフリカでは、だいぶ対応の仕方が異なるようにも思うのですが…。**そもそもこういった**

（緊急時）当局対応の ポイント

- 不利な印象を持たれた場合の逆転は限りなく難しい
- 合理的な、全く別の絵を描けるか、証拠による支えがあるか
- 通訳者も一体となったインタビューの訓練、通訳の正確性がポイント
- 一般社会から見た常識的な視点、公益性との関係を見据えたディフェンス
- 当局との信頼関係の醸成、決裁権者への説明の容易さも意識
- 満足感、納得感を与え、「静かに斧を下ろしてもらう」
- 最後まで油断しない、すべてが見られている
- 他国では、日本で当たり前のことが当たり前ではない（文化、慣習の相違）
- 図解することや、当該国のわかり易い例を合わせて説明することも一手
- ローカルの専門家とのコラボ、クリエイティブな戦略、セカンドオピニオンによる牽制
- 当局出身の専門家との連携、見立ては十分、ただし…（本気のディフェンス、忖度）
- 関連訴訟、他国への影響・波及も見据えて
  ※　当局対応の１つとしての裁判、相手方との喧嘩ではない

内容を一般化できるものなのでしょうか。すいません、話の腰を折るような質問かもしれませんが。

野中：いやいや、非常に良いご指摘です。過去の経験に照らして、なるべく一般的なことを記載しようと心掛けてはいますが、仰るとおりです。私が今回取り上げたテーマ全体についても言えること

ですが、今後は、例えば「ただし、地域や国ごとに異なる」とでも注意書きを入れておく必要がありますね。

当局の見方を熟知しつつ、本気で対応してくれる専門家

コンプラ部員：地域や国ごとに対応が異なるという点では、下のほうにある「ローカルの専門家とのコラボ」という部分も関連してきます。その地域、国における現地プラクティスを熟知していること、関係当局との交渉経験が豊富であること、最終的な着地点や見通しが立てられることなどが大前提です。それに加えて、その人にとっては外国となる企業、特に**日本企業をディフェンスした経験があるか、それはどういった事案であったのか**といった点も知ることができると、安心して対応を任せられますね。

法務部員：交渉してくれるのはいいのですが、当局のことを怒らせてしまっては元も子もないですし。その意味で**「当局出身の専門家との連携」**をするのも大事なことかと思います。そういった方は、事案ごとに、当局がどのような対応をしてくるのかの見立ての能力は十分だと思います。

事業部長：自分の経験からすると、当局の動きを予測できるのはとても有難いけど、それよりも本気で闘ってくれる人が何よりも助かるかな。こちらにとって厳しい負け戦（いくさ）の場合に、あき

らめてしまうのではなく、**やれることを全てやって闘いを挑んでくれる専門家**がいいよね。このあたりは事案にもよるのだろうけれども、本気度という意味では、**当局出身の専門家だと、相手の手の内を知り過ぎているばっかりに、あるいは今後の関係なども考えて、そこまで本気ではやってくれないように感じた**こともあったね。

野中：そこはプロですから、本気でやってくれると思います。弁護士もそうですが、腕というのはそこまで大きな差はないので、**その企業のために熱意を持って対応してくれる人**こそ、何倍の力も発揮してくれるでしょうね。

法務部長：当局出身の専門家であっても、きっと相手の手の内を知ったうえで最大限のサポートをしてくれていると思います。ただ、もし「もっと本気を出してほしい」と思うような場面に遭遇した際には、**真正面から「本気でやってください」とは言いにくい**ですよね。

野中：例えば「別の専門家に聞いたら、こういう方法もあると聞いたのですが」というように、**相手のプライドを立てつつ、選択肢を提供するのが大事**だと思います。緊急事態に「本気を出してもらう」ためには、**平時からも、たまには顔を合わせてコミュニケーションをとっておく**ことも必須です。

法学部生：そういえば、野中さんも裁判所や外務省におられたという意味では、当局出身の専門家といえるのですかね。やっぱり忖度してしまうものなのですか？

野中：私みたいに短い期間しか裁判所や外務省にいなかった小者は、何も忖度などはありません。裁判所には知り合いが多いので、知人が裁判官として当たると、「へぼい弁護士」だと思われないようにむしろ気合が入ります。証人尋問で熱くなり過ぎて裁判官と議論になった際に、後輩たちの前で裁判官から思いっ

切り叱られてしまい、恥ずかしかったこともあります。ただクライアントはその熱意を評価してくれました。

コンプラ部員：サポートしてくれる弁護士には、とにかくいろいろな  局面で、会社として採り得るオプションを可能な限りたくさん提示し、それぞれの見通しなどを説明してもらえると助かります。**個人的には「熱い人」いいですよ。**

ローカルの専門家にとってもクリエイティブな戦略提供は有益

法務部長：野中さんの場合には、外資系企業の日本法人を代理することも多いでしょうから、その場合には欧米本国からの  強い意向に沿って日本当局と闘わなければならない案件も多いのではないでしょうか。そういうときは素直に**クライアントの意向**に従っているのですか？日本のプラクティスを知る者として葛藤もあるでしょうし。

野中：欧米を含む海外企業から依頼を受けて、日本のローカルの弁護士として捜査当局や政府機関と交渉を行なっている際には、仰るとおりクライアントから無理筋のリクエストを受けることもあります。**「それを言ってしまうと当局の意向からズレているし、日本人の心情としてはかえって怒らせてしまうのだけれども」**と思いつつも、クライアントの意向が最も大事なので、隘路を見つけて、両者を上手に調整、説得するのが腕だと思っています。

事業部長：野中さん、鼻息荒くなってきましたね。

野中：海外企業や海外の専門家からのクリエイティブな意見は、これまで自分が全く想像もしていなかった内容であったりして、とても参考になることが多いのも事実です。日常業務においても外国人の同僚の意見や視点にはいつも驚かされますし、勉強になりま

す。**多角的な観点からのコラボレーション**はかなり効果的になることが多いです。

コンプラ部員：その意味で、多少無理筋のように思えたとしても「クリエイティブな戦略」を言ってみたり、「セカンドオピニオンによる牽制」をしつつ、**ローカルの当局との交渉を少しでも有利に進めることが大事**になるということですね。

事業部長：野中さんとしては、海外のローカルコントロールもしているし、自らも日本ではローカルとして動かされて、両方を知る者の強みがあると言いたいのでしょ、どうせ。一種の「俺すごいぜ」アピールでしょ？

法学部生：全然アピールになっていない気がしますけど…。

野中：（がっかり）

通訳の重要性の再認識

事業部長：話は変わるけど、海外への当局対応ということになると、やっぱり**通訳の正確性が大事になるような気がする**。内部調査でインタビューをする時も、当局へ出頭する際にも外国人として行く場合には通訳が必須だし、当局者は皆通訳者が言うことしか聞いていないし。そういえば、前のスライドで内部調査のインタビューの仕方について議論した時にも、通訳のことやトランスクリプトの正確性の問題について触れた方がよかったのではないの？

野中：はい、ご指摘を有難うございます。内部調査のみならず、当局対応においても通訳や翻訳が非常に大切だと思っています。海外当局による直接のインタビューに備えて、事案によっては何度も通訳者と一体となって準備をして臨むことになります。通訳はとても大変で神経の擦り減る作業ですので、緊張感が長時間続くと、ついつい誤訳が出るのもやむを得ません。ただ**誤訳が重要な部分にある場合には、当局者がそこに食いついてくることもあります。**当たり前のことですが、日本人が日本語でどう証言しようと、当局者は通訳が言うことしか聞いていませんから。誤訳があったときに**当局者の顔色が一瞬で変わり、眼光が鋭くなった**ことも何度か経験しました。

誤訳

コンプラ部員：でも、それは通訳者の単なるミスでしょうし、なんとかなるものではないのですか？

野中：一生懸命、誤訳であることを説明しますが、「それは弁護士であるあなたの意見であって、インタビュー対象者は異なる発言をした」ときつく言われたこともあります。**一回当局者の心証を害するとそれを覆すのは大変**で、結構時間がかかります。そのため、通訳者と一体となってインタビューの準備をするだけでなく、**実際のインタビューの場面でも、適宜のタイミングで休憩をとって集中力を切らさないようにする**ことなど、供述内容の準備よりも大事であったりします。

一緒にがんばりましょう

正確に訳すのが難しくて…

事業部員：企業や個人の命運に関わる当局によるインタビューで、インタビュー対象者も通訳の方も緊張感を持ち続けるのは無理を強

いるようなものです。そもそも当局インタビューを受ける前に何度も専門家から呼び出されて、**同じような質問に何度も繰り返し答えることはとても苦痛**だと想像します。「情報統制もあり、家族にも言えないし、誰にも相談できず苦しかった」という話を聞いたことがあります。その際には**「対象者になってしまった以上、やるしかない」**と励ましました。

法務部員：現地語に堪能な社員がインタビューを受ける場合にも、念のため通訳はつけたほうが良いと思います。何人かの通訳者を紹介してもらい、その中から**最も「相性のいい」人を起用したことでうまくいっ**た例もありました。

野中：通訳に関しては、日本で外国人の捜査段階における刑事弁護、刑事裁判、難民申請案件などを担当していても、いろいろと不備があることを痛感します。**誤訳があろうとどんどん手続は進んでしまいますし、説明しようとしても十分に聞き入れてもらえない**こともあります。「思い切って手続を止めて、少々当局者に叱られても気にしない」という強い意気込みで事案に臨むようにしています。

法学部生：そういうふうに熱く闘ってくれるところは、少しだけ頼もしいですね。

文化・慣習の相違の説明・説得にトライしよう

コンプラ部員：「他国では、日本で当たり前のことが当たり前ではない（文化、慣習の相違）」「図解することや、当該国のわかり易い例を合わせて説明することも一手」というのは1つのまとまりとして捉えられると思います。要は、当局者には日本のビジネス慣

習などがよくわからないから、そこをきちんと腹落ちさせる説明が不可欠であることだと理解しました。

人事部員：以前、海外当局者が、海外における日本のビジネスマンの**肩書のインフレ**を十分に理解できず、日本に帰国してから肩書が元に戻ったことを降格と勘違いしたという話を聞いたことがあります。

事業部員：日本のゴルフコンペや送別会などに競合会社の人たちが皆参加しているので、**良からぬ話し合いの場になっているとの偏見**を持たれたことがありました。

法務部員：**「マネージャー」についての認識が異なる**ため、「なぜ日本の管理職は個室ではなく、大部屋に**たくさんの部下の前の小さな席**に座っているんだ」と聞かれたケースもあります。「管理職どうしがすぐ近くの席で隣り合っているのは信じられない」ということで説明に苦労した話も聞いたことがあります。

野中：いろいろな経験を共有してくれて有難うございます。そういった日本の固有事情については、海外当局者からするとなかなか想像できないので、繰り返し説明しても理解してもらえないことが多いですね。いったん理解してもらったように見えても実際に腹落ちまではしていないので、しばらくするとまた忘れてしまっていることもあります。

事業部員：外国人の専門家によるインタビューを横で聞いていると、

文化や習慣の違いが理解できずに納得できていないのか、通訳に問題があるのか、何度も同じ質問を繰り返してしまっていることもありますね。

> **ケースバイケースとはいえ、説得するための戦略・選択肢の把握**

法務部員：他の項目としては、まず戦略を考えるうえで必要なこととして「不利な印象を持たれた場合の逆  転は限りなく難しい」「合理的な、全く別の絵を描けるか、証拠による支えがあるか」という点がありますね。調査を受ける立場としては、**最初から不利な絵を描かれてしまっている**ので、証拠に基づき最初にバンとこちらのストーリーを出せるかがポイントになると思います。日本の裁判でも、相手への反論をするだけでなく、こちらサイドのストーリーを説得的に冒頭に裁判官へ示すことを意識しています。なかなかうまくいかないこともありますが…。

コンプラ部員：「一般社会から見た常識的な視点、公益性との関係を見据えたディフェンス」「当局との信頼関係の醸成、決裁権者への説明の容易さを意識」「満足感、納得感を与え、『静かに斧を下ろしてもらう』」「最後まで油断しない、すべてが見られている」という項目は、実際に当局との交渉において野中さんが意識されていることだと理解しました。

　ケースバイケースかとは思いますが、**単に目の前の当局サイドの交渉官を説得するのではなく、その背後にいる決裁官に対して説明しやすいように**、わかりやすくポイントをついた資料を提出しておくことが大事であるのはよくわかります。

法学部生：皆さん、なぜそんなにすぐに、スライドの表現だけから野中さんの言いたいことがわかるのですか？ほんとすごいです！

野中：私も本日はとても楽な講義になっています。仰るとおりケースバイケースではありますが、こういった視点も意識しておくとよいと思っていることを挙げてみました。必ずしもうまくいく場合ばかりではありません。この点について日本の現役の当局者と議論したときには「まあ、だいたい合っているんじゃないの。担当者にもよるけど」というくらいの反応でした…。

法務部長：そこまではっきりと適切な対応方法までは教えてくれないと思いますよ。1点、「最後まで油断しない」というのは、言葉どおりかと思いますが、**ついついインタビューの最終盤で安心してポロリと余計なことを言ってしまった**結果、余計にあと2度呼ばれて滞在期間が1か月伸びてしまった話を聞いたことがあります。

野中：はい、**部屋を出るまでは油断しない**ことですね。自分自身にもそう言い聞かせています。

工学部生：野中さん、余計なひとことや、つまらない冗談とか最後に言ってしまいそうですね！

一同：（うなづく）

他国への波及も見据えて

法務部員：「関連訴訟、他国への影響・波及も見据えて」という部分にはとても留意しています。秘匿特権との関係で解釈が分かれる部分もありますが、海外のクラス・アクションなどを意識せずに何でもかんでも当局へ提出してしまうのはどうかと思います。

コンプラ部員：米国での調査が終わったと思ったら、今度は英国、中国、南アの当局からお声が掛かったこともありますし、**１つの国への当局対応をするに当たっても他国への影響・波及も検討しておくことは大事**だと感じています。

野中：前のスライドでも少し触れましたが、内部・外部調査を進めていく段階においてもよく検討しておかなければならない点ですね。

裁判は裁判官の説得に注力してみよう

事業部長：最後の「**当局対応の１つとしての裁判、相手方との喧嘩ではない**」というフレーズも、野中さん、なんか突っ込んでもらいたいんでしょ？だいたい野中さんのスライドのパターンは読めてきたよ。

野中：ご指摘を有難うございます。私の中の勝手な考え方で、わかりにくいかとは思いますが、**裁判というのは広い意味での当局対応の１つ**と理解しています。

事業部長：ふむふむ（うなづく）

野中：日本の裁判を例にとっても、ついつい相手方当事者が作成した書面に**いっぱい反論してやり込めようとすることに専念してしまう**こともあります。クライアントの意向を十分に酌み込んだ結果

ですので致し方ない側面はありますが。

反論！
異議あり！

　ただ、結局**判断するのは裁判官ですし、裁判官が関心のない部分につき当事者どうしで何十頁にもわたって言い争いをしていても結論に影響がない**ことも多いと思います。

事業部長：ふむふむ、なるほど。

野中：裁判の場合にも当局対応と同様、裁判官が料理しやすいように証拠を提出したり、その範囲内で反論を提出するというスタンスがよいのではないかなと思っています。そういった雑感にちょっと触れてみたかったくらいです、すみません…。

事業部長：ちょっと何言っているんだかよくわからない…（首をかしげる）。

法務部員：（心の中で「サンドイッチマン！？」）

事業部長：僕らは裁判に勝ってくれさえすれば、どちらでもいいけどね。あと弁護士報酬の請求はお安めにお願いね。僕ら事業部門が負担することも多いので。

法学部生：私よりも思っていることをはっきり言いますよね。

一同：（納得）

今回の議論の 勘所

- 実際には、国やエリアで、あるいは担当者ごとに対応が異なる
- 当局の見方を熟知しつつ、本気で対応してくれる専門家
- ローカルの専門家にとってもクリエイティブな戦略提供は有益
- 通訳の重要性の再認識
- 文化・慣習の相違の説明・説得にトライしよう
- ケースバイケースとはいえ、説得するための戦略・選択肢の把握
- 他国への波及も見据えて
- 裁判は裁判官の説得に注力してみよう

3 緊急対応の方向性

──野中弁護士のもとには、問題事例へ対応する際の
指針や判断基準を求める声が多く寄せられるそうで
す。ケースバイケースとはいえ、どういった要素をも
とに判断するのか一緒に考えてみましょう！

> **事案対応に１つの判断基準や
> 正解はない**

野中：続いてのスライドは一風変わったものになります。いろいろな
企業関係者と議論や意見交換をするなかで、様々な経験をベース
にして「**問題事例へ対応する際の指針みたいなものを提示できな
いか**」「**判断基準などを一般化してくれないか**」といった依頼を
受けることがあり、いろいろと悩んできました。危機管理を専門
とする学者や研究者の方々と議論する際にも、いろいろな問題に
ついての一義的な答えを求められることがあります。自分の見解
はどうしても１つに絞り切れず、「ケース・バイ・ケースです」

ケースバイケース

といった割り切
れない回答ばか
りになってしま
い、困っていま
した。

**緊急対応の方向性
〜相反する要素のバランスをとりつつ**

- 形式と実質、一般論（概観）と具体的対応
- 事前と事後、平時と緊急時
- 本社コントロールとローカル対応、直接と間接
- 一貫性と柔軟性
- 従順と反撃、動と静、緩と急
- 信頼と懐疑
- チーム対応と一匹狼（孤独）
- ワンマン型とボトムアップ型
- ノーマル（定石）とアブノーマル（クリエイティブ）
- 訓練と実践、理論と実践　等々

コンプラ部員：事業部門から依頼を受けて、過去の様々な具体的なケースをベースにして、緊急対応マニュアルを作成しようとしたことが何度かあります。ただ、**なかなか対応方法を一般化するのは難しい**ですよね。

工学部生：デカルトさんが方法序説か何かで、「**その結果によって罰を受けるような、自分に重大な関わりのあることについての判断は真理に近い**」といった趣旨のことを言っておられた気がします。その意味では、野中さんが緊急事態に出してきた判断は間違っていないともいえるのではないでしょうか。

事業部長：君は、どれだけ本を読んでいるんだい?!

野中：フォローしてくれて有難うございます。目の前の問題事例について最善かつ迅速な解決に集中するものの、**それぞれの場面においてとった方策が、後から振り返ってみて本当に正解だったかは**

わからないというのが正直な感想です。ある方向性で対応してうまくいった事例もありますが、そうではない事例もありました。

法務部員：１つの事例においても、一貫した対応を必ずしもとっていた訳ではなく、状況に合わせて正反対の行動をとっていることもありますよね。

人事部員：要は、野中さんの事案対応の経験からすると、対応方法に正解はないし、判断基準なども一般化しにくいということですか？

野中：例えば、ことわざで「二兎追うもの一兎をも得ず」というのがありますし、１つの物事に集中するのが基本的には大事です。一方で「一石二鳥」というのもありますね。両方を取りに行って、うまくいく場合もある訳です。

法務部長：様々な事案対応をしてきて、うまくいく場合とうまくいかない場合がありました。ケース毎に、**なるべく解決に近づける確率が高いと思われる方法を、ある程度先を見据えつつ瞬時に選択して決断する**ことになります。

法学部生：ギャンブルというか勝負師みたいですね。

野中：時間がなく、よく先が見通せない場合もあり、「**とりあえず動く**」「**とりあえず静観**」ということもあります。

事業部長：短期的にはうまくいったと思っていたけれども、中長期的にみると、やっぱり失敗だったと思うような事例もあるよね。

【徹底討論】
「いま、動くべきか」

今は静観だニャ　　今すぐ動くニャ

野中：人生の様々なイベントでもそういうふうに思うことはありますし、状況が変わらないことってないですよね。ブルーハーツの「情

熱の薔薇」にも「いつまで経っても変わらない　そんな物あるだろうか」というフレーズがありますしね。

一同：（不思議顔）

野中：すいません、事案対応については、状況が刻々と変化しますし、結局何が正解だったかはわからないことも多いわけです。何か１つの方法や方向性で信念をもって対応したからといって、必ずしもうまくいかないこともあります。

法務部長：要はケースバイケースであるが、そういったなかで**様々な要素のバランスをとることが必要**ということでしょうか。

事業部長：確かに。**夫婦やパートナーもお互い補い合ったり、バランスが大事**だっていうよね。

法学部生：でもバランスばっかりとっている大人って、ちょっとイマイチですよね。答案とかも「**バランスばかりとっている記載は、主張が明確ではなく迫力がない**」ということをある教授が言っていました。

> ## 冷静なバランス判断に加えて、情熱も必要であるが

野中：私も常々若手に対して「法律家、実務家はバランスが大事」などと偉そうに言ったりしています。ただ、それ以上に、**熱い心、情熱をもって対応すべき**とは思っています。ひとたび判断をしたからには、あとは結果に向けて、なんとしても食らいついていく。当局担当者に見向きもされなくとも、クライアントのために全力で食らいついていく。

事業部長：やっぱりそこは冷静な判断と熱い気持ちのバランスが大事なのかなと思うね。バランスという表現よりも、どちらかに極端に振れ過ぎない、**もう１人の冷静な自分を持つ**といった表現のほうがわかり

131

やすいかもよ。

工学部生：そういえば、以前、野中さんが「熱く、優しく、泥臭く」といったエッセイを書いていましたね。**「泥臭い」という表現**は最近の世代はあまり使いませんが、どういうことなのですか？

野中：現場でたくさんの電話を受け、頭がぐるぐる状態で走り回って対応しているとき、何を目的にやっているのかわからなくなるようなときでも、その**泥まみれの手のひらの向こうのお月様**に向かっていくような感じでしょうか。

法務部長：野中さん、先ほどの長めの休憩中に缶ビールでも飲んで、酔っぱらっていますか？

野中：いえいえ、今のは少し極端な表現かもしれません。話を戻しますと、今までも話してきましたように、例えば**事前と事後の両方の視点を持つ**こと、**海外子会社を本社サイドからマネジメントしつつローカルサイドを信用して任せる**こと、**チームで行動する一方で1人でも判断して動く必要がある**こと、**トップと現場の両方のコミュニケーション、理論や原則論を意識した一貫対応をしつつも、クリエイティブかつ柔軟に動く**こと、こういった一見相反するような要素のバランスをとりつつアクションを進めていくのが現実かなと思っています。

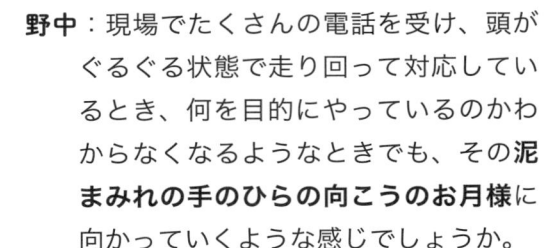

実際に動く人とチームの連携

法学部生：以前クライシス・マネジメントの講義を受けたことがあります。**「クライシス」「リスク」**自体にもいろいろな定義があるよ

うですね。でも、そういった定義はともかくとして、その対応をするうえでは、今回の講義の最初の方で野中さんが言っていたように、実際に動いてくれる人と、それをサポートするチームの存在が不可欠のように思っています。

野中：前半の講義の内容が残ってくれているようで嬉しく思います。評論家ではなく、頭に加えて**身体が動く人**、1つのチームとして同じ方向に向かって**一緒に闘ってくれる人**でチームを組成すると、みなやり甲斐も湧きますし、満足のいく結果につながることが多いのかなと思っています。

事業部長：言いたいことはなんとなくわかってきたけど、全般的に、少し抽象的だよね。

野中：具体的事例の検討の前に、少し判断要素を出しておこうと思ったのですが、あまりうまくいきませんでしたね。

工学部生：このスライドの説明全体が、何かコラムみたいになってしまっています…。

法学部生：しかもなんかグダグダな感じですよね。野中さんは、理論をきっちりと整理する研究者や教師にはなれそうもないですね。

一同：（うなづきつつも「ちょっとかわいそう…」）

野中：（妙に納得）

> 相反する要素について
> 今後も実例で考えてみよう

野中：その他にも、スライドにはいくつかの相反する要素を挙げてみました。例えば、「**形式と実質**」との関係では、実質に着目して優先順位をつけるリスク・ベースド・アプローチが大事なの

形式　理論　信頼　**VS**　実質　実践　懐疑

は勿論ですが、一応、形式的かつ網羅的なチェック項目も知っておくことで漏れのない対応ができることもあります。

法学部生：司法試験の対策としても「ヤマ当て」だけでなく、コツコツとマイナーな論点も一応の回答ができるようにしておく必要がありますよね。どちらかというと、**網羅 vs 優先順位**というイメージのほうが近いでしょうか。

法務部員：**「理論と実践」**については、コンプライアンス研修をいくらたくさん受けたとしても、実際に OJT でも対応しておく必要がありますね。その中間形態としての実例に近いケース・スタディによる研修というのも役立つという理解です。

コンプラ部員：**「信頼と懐疑」**については、ある程度、信頼関係をベースに、報告などを待つことを前提とする海外子会社管理だけでなく、不正は潜るという疑いのもと定期的な会議でチェックしていく必要があります。ただ、モニタリングをし過ぎると今度は信頼関係を失い、ローカルとの間に距離ができてしまいます。こういったバランスをとりながら泳いでいくことが大事という感じですかね。

人事部員：例えば当局対応の場面では、従順に対応しつつも、必要とあらば反撃に出ること。**「動と静」**や **「緩と急」**の使い分けを駆使して、その状況に応じて対峙していくことが大切であると理解しています。

事業部員：緊急事態においてリーダーシップを発揮する方法にも、**ワンマン型とボトムアップ型**などいくつかあり、いずれについても長所短所があると聞いたことがあります。平時はボトムアップ、緊急時はワンマンというように単純には割り切れないようですね。

工学部生：モニタリングにおける AI やテクノロジーの活用の場面でも、信頼やコミュニケーションに基づく人的関係との両輪で、バランスよく対応していくのが大事だと理解しています。そういえば、**スペシャリスト、ジェネラリストの議論も、結局はバランス**

でしたね。

事業部長：きみ、相変わらず切れ味鋭いね…。

野中：皆さん今回の講義の理解が進んでいるようです
ね。相反する要素のバランスという視点から一応
検討してはみましたが、私のほうでもまだ整理で
きていないので、よく考えていきたいと思いま
す。皆さんのほうでも今後出会う様々な事例などを解決する際に
もよく考えてみて、アイデアを共有してくださいね。それをベー
スに来年の講義でまた議論しましょう！

一同：またこれやるんですか（苦笑）。

今回の議論の 勘所

- 事案対応に１つの判断基準や正解はない
- 冷静なバランス判断に加えて、情熱も必要であるが
- 実際に動く人とチームの連携
- 相反する要素について今後も実例で考えてみよう

第4章
事例検討

1 主に海外における頻出事例

——ケース・スタディに入る前に、海外における主な頻出事例について少し見ておきます。古くからある典型的な事案、現代的な問題事象と様々ですが、日本企業がしばしば直面する事例が掲げられています。

野中：では、次のスライドですね。ここから事例検討に入り、その後、メインのケーススタディに入っていきます。まずこのスライドでは、イメージをふくらませるため、**典型的な事案**をざっと挙げています。時間との関係で本日はそれぞれに深入りしませんが、皆さんどれか気になる事案はありますか？

事業部員：親族がらみのキックバック事例などは、現地にいたときに、残念ながら日常的に発生していたので、いつも対応に追われていましたね。「**そういうことをしてはダメ**」と何度も伝えたり、**「そういうことをしない」旨の誓約書**を従業員に書いてもらったりしましたが、こういう事案はなかなかなくならないと思います。

それでは、これで

ニャんだろう？

主に海外における頻出事例

- 親密になった公務員から入札情報を入手
- 贈収賄と入札談合のセット（ローカルの議員が絡む）
- 入札案件の積算段階で費用を過度に膨らます（その差額分の金銭が公務員に流れる）
- 税関その他の当局による許認可の際の金銭要求
- 従業員の親族（公務員）が経営するコンサル業者との馴れ合い（ローカルはOKとの判断）
- 従業員の親族が経営する会社がいつも調達先＋キックバック
- 下請会社から調達担当がキックバックを受領＋営業秘密の漏えい＋転職
- 架空売上・架空人件費・前倒し計上、損失隠し、循環取引への加担 etc.
- 不法就労外国人が関わる事案への対応、隠蔽工作
- 交通事故、違反切符への対応の際の警察官とのやりとり
- 当局高官夫人が日本の化粧品好き、工場視察とセットで家族もテーマパークへ
- 各種高額な接待、風俗店の絡む接待事案（領収書偽造が絡むことも多い）
- 警察官からのパーティー賞品の提供依頼 etc.

　　※そもそもなぜ賄賂はなくならないか…

法務部員：不法就労の外国人が関わる事案に対応したことがあります。不法就労の外国人が工事現場の事故で亡くなってしまい、遺族からいろいろと問い合わせがきました。日本の本社サイドで対応を検討していたところ、**ローカルサイドで警察官と交渉をして解決**

してしまったことがありました。どうも警察官にお金を支払っていたような形跡もありましたが、そこは深く追及しませんでした。

現地の警察官　　現地法人担当者

I will handle it.　　……

コンプラ部員：営業秘密を持ち去って海外企業に転職した元従業員の問題はとても厄介でした。日本では警察に捜査を依頼しても、こういった事案についてはなかなか動いてくれないですし、裁判で解決するといっても時間ばかりかかりますし…。

　結局はローカルの専門家による交渉で一応の解決を図りましたが、そのちょっと**怪しげな解決方法で良かったのか**は全く心許ないところです。解決できた以上、深くは追及していませんが…。

日本企業　　営業秘密の持出し　　海外企業

> 贈収賄事例は国内外問わず、
> 相変わらず要注意

工学部生：テーマパークの事例が気になりますね。こういう事案はこ

のご時世でもまだあるのですか？

野中：こういった接待は多く、**なぜか海外から高官の家族も同行して
きた**という事例もあります。**日本の化粧品**は非常に人気がありま
すのでそういった贈答事案や、高級クラブや風俗店における接待
事案も国内外を問わず多々あります。

コンプラ部員：贈収賄に関しては、経費の承認ルールに
一応則ってはいるものの、どうも怪しいなあという
事案を多数経験しています。契約、入札のタイミン
グなどに合わせて集中的に過度な接待を行なってい
る事例も散見されますし、政府系企業とのやりとりにおいて、経
費支払いの明細が記録されていなかったこともありました。政府
系コンサルタントとの報酬関連についてもハラハラさせられるこ
とがあります。

野中：贈収賄については、日本国内においても**東京オリンピック関連**
を含めていろいろとありました。国内でも要注意ですが、特に海
外では、**FCPA**（海外腐敗行為防止法）や**UKBA**（英国贈収賄
防止法）との関係で相変わらずリスクが高く、インパクトの大き
な事案として目が離せません。

不正の種類は時代によって大きくは変わらない

事業部長：まあ、こうやって典型事例を見ていくと、**昔と起きていることがあまり変わっていない**ね。いろいろと細かい手口で変わってきている部分はあるのだろうけれども、なんとなく根っこにあるものは同じのようだね。まさに「変わらなくちゃも変わらなくちゃ」だよね。

工学部生：そのフレーズ、ちょっと意味がよくわかりません。

人事部員：それはそうと、賄賂がなくならない理由として聞いたことがあるのは、結局「公務員の給料が低いことに尽きる」という話ですが、やはりそういうものなのですか？

野中：そういった要素も1つにはあると思います。国、地域によっては、「**手続の円滑化のためにお金をチップとしてもらうのは当然**」という考え方や商習慣もあります。ここらあたりは、いくら本社サイドから**「ダメ」と繰り返し言ってみても、なかなかうまくいかない**ところですね。

コンプラ部員：コンプライアンス研修を実施していても、きれいごとだけ言っていてもしょうがないので、毎回ビジネス部門とともに**現実的な打開策**について検討せざるを得ないところです。

野中：少し場が温まってきたところで、では、実際に具体的なケースを見ながら、時間のある限り、議論をしながら検討していきましょう。

今回の議論の 勘所

- **贈収賄事例は国内外問わず、相変わらず要注意**
- **不正の種類は時代によって大きくは変わらない**

2

ケース・スタディ（1）

ファシリテイション・ペイメント、警察官による金銭要求事例

——ファシリテイション・ペイメントを禁止すればビジネスに影響が出ます。現地法で認められているか、証拠をどう残すかなど悩ましいところですし、正解はないところなので、皆で現実的な方法につき考えていきましょう。

> 専門家とも相談し、
> 現地法で認められている
> プラクティスであるかの確認

野中：では、ケース1に入っていきましょう。

コンプラ部員：まず1つめの**ファシリテイション・ペイメントの事例**については、どのくらいの期間にわたり、どういった人に対して、どのような理由から、どのようなタイミングで、どのような内部プロセスを経て支払ってきたのか、記録は残っているのかなどを、担当者や関係者によく聞いたりするなどして、一応の調査を行なうことになると思います。

法務部員：その支払いの違法性などにつき**現地の専門家に相談しつつ検討**したうえで、現地当局にその支払いにつき自ら申告していくかも検討することになると思います。現地法で認められない支払いである場

ケース1
（ファシリテイション・ペイメント、
警察官による金銭要求事例）

・日本企業 A 社のマレーシア子会社の日本人従業員 B は、現地赴任直後から「通関手続に必要である」「これが当地のプラクティスである」などと言われて、よくわからない手続費用を「少額の金銭だし、構わないだろう」と思って支払っています。

・日本企業 C 社のベトナム現地法人の従業員 D は、スピード違反の疑いで警察官に止められました。警察官は「逮捕されたくなければ、それなりの対応をすべき」と言って、暗に金銭を要求してきました。

・このような事例において、A 社、C 社は、どのように対応することが考えられますか？

このお金、なぜ支払っているんだろう。まあ、いいか。少額だし、

A社マレーシア
子会社の日本人
従業員B

STOP、スピード違反だ

逮捕されたくなければ、それなりの対応をすべき……

ベトナム
警察官

POLICE

えーっ！

C社ベトナム
現地法人の
従業員D

日本企業A社、C社はどのような対応をすることが考えられるか？

合には、その後は支払いを中止することになると思います。

野中：きちんと検討するプロセスを理解されて、すらすらと説明できるのはとても良いことだと思います。海外ですと **handling fees や手数料的な感じで少額が上乗せされている**ことも多いですね。支払実態を調査したうえで疑惑が広がっていく場合には、**他の代替手段を含めて真剣に検討する**ことになります。そもそも

支払記録がない場合には、今後はきちんと作成していくことになると思います。

ビジネス・インパクトとの関係にも留意

事業部長：いやいや、軽々しく支払いをやめるなどと言うけれども、**やめてしまったらこのケースでは通関手続が今後はできなくなって、ビジネスが続けられなくなる**かもしれないよ。ビジネス・インパクトを含めて、もっときっちりと検討しないとダメでしょう。現地には現地の習慣がある訳だし、長いこと続けてきたのだし。他社もやっているはずだから、当局に睨まれることもないよ。

あの日本企業わかってるな。仕事を頼むんだったらこれが普通だよね。

コンプラ部員：でも、違法な支払いなのであれば**ダメなものはダメ**でしょう。経産省のガイドラインにもファシリテイション・ペイメントは禁止にすべきとありますし、OECD からもそのことで日本は睨まれているわけですから。研修でも、あれほどダメなものはダメだと口酸っぱく言ってるじゃないですか。

事業部長：君は少額のファシリテイション・ペイメントを禁止することで仮に事業撤退することになってもやむを得ないと言っているのかい？**誰がその会社の損失の責任をとってくれるんだい？**

法務部員：支払いを止めたとして、通関手続にかなり時間がかかってしまうことはあるにせよ、さすがにビジネスができなくなったり、事業撤退するまでのことはないと思いますが…。

人事部員：ダメなものについては毅然とした態度でダメ
　　と自ら英断するのが、**あるべきトップの姿**なのでは
　　ないでしょうか。事業部長もそのように対応してき
　　たのでは？

事業部長：理想論だけでビジネスはできないよ（あきらめ顔）。

事業部員：うーん、悩ましいけれども「そのままのスケ
　　ジュールだと客先の納期に間に合わなくなってしま
　　うから」という理由で支払ってしまうことはよくあ
　　りますよね…。

野中：ケーススタディを本気でやって熱くなってくださり嬉しく思い
　　ます。悩ましい事案ですし、正解はないところなので、**皆で現実
　　的な方法につき少しずつ考えていきましょう**。ちなみに、経産省
　　の外国公務員贈賄防止についてのガイドラインは、改正がしばし
　　ばなされますが、文章の言い回しの修正・変更点の一覧部分を含
　　めて、経産省の問題意識や最新の動きなどを理解するのに大変参
　　考になります。**熟読して、必要に応じて社内ポリシーに反映して
　　おくことが大切**ですね。

> **受け取り証拠の収集にトライし、
> 記録化を検討**

法務部員：まず、**支払いについての領収書を公務
　　員から受け取るという方法**も考えられますが、
　　実際にはそういった領収書を公務員が発行し
　　てくれるとは到底思えません。一応チャレン
　　ジしてもよいですが。

コンプラ部員：その他には「支払いが、適切な法律に則った費用であ
　　ること」について担当者レベルではなく、その上の役職の公務員
　　の言質をとって書面化したり、その発言を録音して記録化してお

くことを助言として受ける場合もあります。

事業部員：ただ実際問題としては、なかなか難しい方法、交渉になるのではないかと思っています。**そんなことを言っている間に、不利な取扱いをされてしまう**ようでは、先ほど出てきたビジネス・インパクトとの関係では問題だと思いますし…。

野中：現実的なところとしては、その支払いとの関係で問題となる**ビジネス・インパクト**についてまずはよく検討する必要がありますね。「**支払いをやめたら撤退するしかない**」という事態も一応あり得ます。

法務部員：調査を実施した結果、「諸々の事情により支払いがなされていた」「違法ではないけれども適切ではない」ということが判明した場合、現地の専門家からも丁寧めに聞いたうえで、**現地法上問題のないプラクティスである点を念押ししておく**こともあります。

コンプラ部員：**よくわからない多額のプール金も合わせて見つかり、十数年にわたり、多額の支出が簿外でなされてきた**という事案もありました。そのような場合には、現地トップあるいは本社コンプライアンスの意向で「撤退やむなし」という英断に至ったケースもあります。

法務部員：支払いが少額である場合に、当局からの追及可能性が低いことなども考慮したうえで、**支払いが違法とまではいえない理由**

を整理し、記録化しておくこともあります。

野中：ファシリテイション・ペイメントの問題性について十分再認識するための研修を実施しつつ、何らかの妥協策により進めることもあります。**結局はケースバイケースの対応となりますが、皆さん悩んでおり、諸々の事情を総合考慮したうえで対応する難しい案件**ですね。

事業部員：支払いを続けざるを得ないという結論になることもあるので、**いろいろなコンプライアンス研修を受けて「支払いをダメ」と言われてもあまり説得力がない**です。

またか。。。

ダメ、ダメ！
Don't do that！
不要那样做！

　なにか研修を受けることに虚しさを覚えたこともありましたし、「バレなければいいのでは」という気持ちになってしまうこともあります。そもそも**どういった端緒**でこういった支払いが問題であると発覚するのですか？

リトマス試験紙としての FP 対応

野中：当局から言ってくるという例はあまり接したことがありません。リスク・アセスメントを実施していく過程で、総務、経理の担当者を通じて判明することもありますし、内部監査で見つかることもあります。

コンプラ部員：本社コンプライアンスが海外から相談を受けることに

より見つかることもありますね。これは本社コントロールが効いている良い例だと思います。帳簿に記録化されているものはともかく、**こっそりと続けられているようなケース**では無視するわけにはいきません。

野中：私が１つ大事だと思っているのは、**ファ****シリテイション・ペイメントへの対応はいわばリトマス試験紙的な要素がある**という ことです。ついでに奥に埋まっているものが出てくることもあります。ややいい加減な対応をしてしまっている企業は、大きな案件が眠っていて、**あとで痛い目に合う可能性も高まる**のではないでしょうか。

法務部員：見つかった場合に隠ぺいするのではなく、報告を受け容れたうえで、今後も率直に問題意識を共有してもらえるようにすることが大事ですね。例えば、**むやみに懲戒処分で担当者を責め立てるのではなく、より大きな問題にならないように他の支払いについても含めてチェックしておく方針をとる**ようにしています。

野中：とても良い指摘だと思います。それでは、２つめの事例についてはいかがでしょうか？

コンプラ部員：スピード違反と警察官からの金銭要求の点については、**まずは基本的に「支払うな」ということになる**かと思います。

ちょっとかわいそうではありますが。合わせて**現地法あるいはローカルの規程等で支払いが許容される場合がないかを確認する**ことになります。

法務部員：業務上の違反なのか私的な運転なのかでも分けて考えることになると思います。業務上の行為であったとしても、基本的には、ビジネス目的の支払いではなく、日本の不正競争防止法を含めて、外国公務員への贈賄という大きな問題になる可能性は低いと思います。私的であろうと業務で運転していたとしても、警察官に止められて非常に困ることになるのは変わらないと思いますが…。

コンプラ部員：ここらあたりは、UKBA（英国贈収賄防止法）を含め、**過去の摘発事例**について、もう少しよく検討する必要がありますね。

> ### 例外を認めるポリシーの有無の確認

野中：企業によっては、ポリシーで「**生命・身体の安全性が害される可能性が高いときには支払ってもやむを得ない**」と明確に規定されている場合もあります。また、国や地域によっては、例えばゴミ収集車にお金を払わないとゴミを収集してもらえないような場合もありますし、工場が治安の悪い地域にある場合に、お金を支払わないとパトロールに全く来てくれないケースもあります。そういった場合にも、同じような趣旨から支払ってもよいといった整理をすることがあります。

事業部員：緊急で支払いを求められた場合に、実際には、**警察官と交渉するよりは支払ってしまう**ケースが多いと思いますし、それを**いちいち会社へ報告しない**場合もあると想像していますが、いかがでしょうか？

報告…と
思ったけど
やめとこ

その場で自ら判断しないで済むシステム作り

野中：その場の難を逃れるため、思い切って解決を図ってしまいたくなるケースもありますが、**その場で個人の判断では対応できないようにしておくことも大事**です。例えば「自分ひとりでは判断できない」「本部の承認がないと領収書をもらわない限り支払うことができない」「コンプライアンス担当者に確認しないで自分で勝手に支払ってしまうと懲戒処分を受けてしまう」と**具体的に伝えられるようにしておくシステムも必要**になります。

NO !

勝手に判断するとクビになってしまうのです。

　実際にコンプライアンス相談窓口を設けておき、その連絡先を小さなカードとして常に携帯させる企業もあります。

コンプラ部員：公務員とやりとりをする場面、例えば入札プロジェクトなどにおいて、公務員から急に機微情報を共有してきたり、何

らかの判断をその場で求められたときなどもそうですが、「私個人では判断できない」と言って、**その場をまずは逃がれられるようにすることがファーストステップとして大事**と感じています。「いったん持ち帰らせてください」といった営業マンのイメージですかね。

法務部員：万が一警察官から、その場で「その相談窓口に電話しろ」と言われて、**本当に出てもらえるのか、窓口の担当者が素早く判断して何らかの対応をしてくれるのか、日本と時差がある場合にはどうするのか**といった問題も現実的にはあると思います。その点はさておくとしまして、現地のトップが支払いを求められたような場合にも、そのような窓口は機能するのでしょうか？

野中：はい、現地トップであったとしても自分だけで支払いを決められるわけではなく、**誰であってもコンプライアンス窓口に相談しない限り個人では対応できない取扱いにしておく**のが良いと思いますね。

人事部員：そのような公務員からの要求行為が頻繁に続き、どうにもこうにもならないといった事例の場合には、大使館や領事館、JETRO や商工会議所などに相談して、**企業による連携対応を検討する**ことがあります。そういった状況になった場合には、会社全体としての対応につき整理しておくタイミングということになりますね。

事業部長：きみ、本当によく勉強してるね！感心するよ。

> **コンプライアンス担当者は自らも律する立場であるが、肩の力を抜く必要も**

コンプラ部員：いつも思うのですが、コンプライアンス担当者はいろ

いろと相談される立場にありますので、**自分の行動にも常に留意しなければなりません**。営業からこの部署に移ってきて以降、プライベートでも少し憂鬱なんですよね。営業の頃みたいに羽目を外せないのはつらいですし。

法務部長：コンプライアンス責任者にまでなると、**社内外で行動が監視されていますし、万が一の場合に会社へ与えるレピュテーションリスクも考えると、かなりの節制が必要**といえますね。そのあたり、いわばコンプライアンスを職業としている野中さんは日々どのように過ごされているのですか？

法学部生：そのあたりは私も将来どの道に進むかを考えるにあたって、興味がとてもあります。野中さんは、コンプライアンス研修に加えて、新人研修や倫理研修なども担当されていると以前言われていましたし。相当節制されて生活されているのかと。

野中：（心の中で「ハードル上げてくるなぁ…」）

いやまあ、そのあたりはなんといいますか、いろいろな角度から物事を見ることができるようにしておくことも必要です。**「清濁併せ持つ」**という側面もありますし。一方で**「言っていることとやっていることが正反対」というのでは説得力が全くなくなります**よね。とはいえ息抜きは必要ですし、まあなんといいますか、時間も少なくなってきましたので、後ほど懇親会で率直に議論しましょうかね。

法学部生：後ほどって？！

今回の議論の 勘所

- 専門家とも相談し、現地法で認められているプラクティスであるかの確認
- ビジネス・インパクトとの関係にも留意
- 受け取り証拠の収集にトライし、記録化を検討
- リトマス試験紙としての FP 対応
- 例外を認めるポリシーの有無の確認
- その場で自ら判断しないで済むシステム作り
- コンプライアンス担当者は自らも律する立場であるが、肩の力を抜く必要も

2 ケース・スタディ（２） 現地コンサルタントの起用

——海外では現地のプラクティスに詳しいコンサルタントに依頼するメリットがある一方、なかなか良いコンサルタントに巡り合うのは難しいようです。

> ## コンサルタントに依頼するメリットとレッドフラッグの合間で

野中：では、次のケースにいってみましょう。現地でコンサルタントを起用する際の留意点ですね。海外拠点においては避けて通れない頻出の事例といえますが、気になる部分はありますか？

事業部長：「Ｃ社は現地のプロジェクト担当者の高官と密接な関係が

ある」というのは一見よろしくないようには見えるけれども、そういった**政府とのコネクションがないのであれば、コンサルタントとして雇う意味がそもそもない**よね。我々は政府から大きなプロジェクトをとりにやって来ているわけだから。

法務部員：提供している業務サービスが明確でないという点は、ちょっとどうなのですかね。報酬費用が多少高額なくらいは許容範囲だとしても。もう少し丁寧に、先方が提案している**エンゲージメントレターなどを精査する必要**があるのではないでしょうか。

ケース2
（現地コンサルタントの起用）

・日本企業Ａ社のインドネシア法人では、現地のコンサルタントＢ社を活用し、情報収集や許認可についての助言を受けていました。

・ある工場開設プロジェクトを進めるに当たって、Ｂ社から、別のコンサルタントＣ社を採用することを強く勧められました。

・調査をした結果、Ｃ社は現地のプロジェクト担当省の高官と密接な関係があるようです。また、Ｃ社の提供している業務サービスは明確でないうえ、同種のコンサルタントに比べて費用もかなり高額のようです。

・このような事例において、Ａ社として、どのような対応をすることが考えられますか？

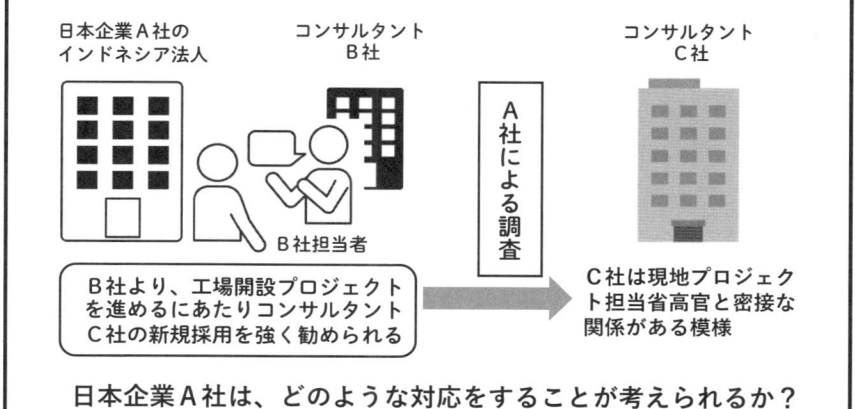

日本企業Ａ社の
インドネシア法人

コンサルタント
Ｂ社

コンサルタント
Ｃ社

Ｂ社担当者

Ａ社による調査

Ｂ社より、工場開設プロジェクトを進めるにあたりコンサルタントＣ社の新規採用を強く勧められる

Ｃ社は現地プロジェクト担当省高官と密接な関係がある模様

日本企業Ａ社は、どのような対応をすることが考えられるか？

事業部員：Ｂ社とＣ社の関係も気になりますね。そもそもＢ社が対応してくれればいいわけですし、別途Ｃ社にまでお願いすることを勧めてくるっていうのは、さすがに**お金の流れの匂い**を感じ

ます。日本国内でもありますが、当局関係者からコンサル等を紹介されると、断りづらくなって困りますね。プロジェクトを前に進めようとするのであれば、当局関係者からの「指示」と受け止めて従わざるを得ないように思いますし。

野中：様々な角度や経験に基づいて、問題点の指摘を有難うございます。まずＣ社の起用に関して、いわゆる**一般的なレッドフラッグ**としては、例えば、エンゲージメントレターの業務内容の記載が非常に曖昧であること、政府関係者がある特定のコンサルタントを強く勧めていること、政府関係者と非常に強いコネクションがあること、表明保証の求めを拒んでくること、関連する業務経験が乏しく、業務内容につき明確な説明がないことなどが挙げられます。

法務部員：支払手段として、海外への送金、現金払い、**別法人への支****払いを求めてきたり**、マーケットにおける評判として**非倫理的なビジネスプラクティスを実践しているか**について過去の例では精査しました。

コンプラ部員：ただ、これらのレッドフラッグについては、**コンサルに依頼するメリットも少し含まれている**ので、結局は、これらの要素の総合判断ということになるかと思います。

事業部長：**ボードメンバーにたくさんの政府関係者が含まれている**コンサルに遭遇することもあるし、結構ちゃんとしたコンサルを頼んだつもりだったのに、**請求書を見たら金額しか書いていなかった**事例もあり、不安になったことを覚えているよ。信頼できる企業や知人からの紹介というのは大きいし、海外の現場に長くいると、そのあたりの直感というのか、嗅覚も冴えてくるような気がしたね。

野中：仰るとおり、チェックリストだけで判断できる問題ではないで

すし、プロジェクトの規模感によっては、**秘匿特権**にも留意しながら、きちんと**調査会社を起用してバックグランド調査などを行ない**、より精緻なリスク・アセスメントをしておく事例もあります。少し話にも出てきましたが、支払いに関して留意している点などはありますか？

> **経理部門との連携で緻密な**
> **レッドフラッグ対応を**

コンプラ部員：支払手続がスタンダードなプロセスか、請求書に明細が詳しく記載されているか、支払方法と請求書の記載がマッチしているかについてはよくチェックします。特に、請求書に担当者の役職や業務内容の詳細なども記載されていると安心できます。ここらあたりは**経理とも連携**するようにしています。

経理

請求書明細の記載があっさりしすぎているけど、どうしてかな？

法務部員：緊急の支払いを求められたり、契約の記載とは異なって、コンサルの代表者の配偶者や兄弟・姉妹への支払いを求められて困惑したケースもありました。

野中：経理部署とも連携して、**レッドフラッグの要素を積み上げられているの**はとても良いプラクティスですね。ケースにもありますが、他のコンサルタントに比べて極端に高額ではないか、異常に高いコミッション・フィーやサービス関連業務が含まれていない

かなども確認する項目ですね。

頼もしいコンサルを
見つけられる現場感覚を

事業部長：工場開設プロジェクトなどで、最初に地元の親分的な人や**様々なステークホルダーと話をつけておかないと後から計画が頓挫してしまう**ことがよくあったよ。

そのあたりの根回しの部分について、上手に助言して進めてくれたコンサルはとても有難いと思ったね。そのときはフィーもかなりリーズナブルだったので、**よいコンサルに出会えるかは運によるところも大きい**し、失敗を通じて学んできたという側面もあるね。

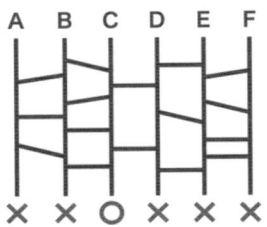

よいコンサルに
出会えるかは、
運にもよる

事業部員：現地での滞在期間が長くなればそういった感覚も磨くことができますね。企業によっては10年以上駐在される方もいますが、通常は3年程度ですので、**なかなか肌感覚を得るのは難しい**ところです。

人事部員：そのあたりの**引継ぎやビジネスの継続性**については会社として今も悩んでいるところです。

法務部長：感覚を磨くのは勿論大事ですけれども、現地のプラクティスに慣れて、**感覚が麻痺してきてしまう**場合もありますので、その点のバランスには留意が必要ですね。

野中：現実的な悩みの共有を有難うございます。本件ではC社に問題があると感じる場合には、他社を含めて選択肢がないかよく検討する。場合によっては、表明保証を求めたり、契約解除・損害

賠償に関する条項、当局の調査が入った場合の協力条項なども入れるよう交渉にトライし、十分にやれることをやったうえで契約関係に入る。そのうえで、その後も常に目は光らせておくといった対応をするのが一般的でしょうか。

事業部長：そんな条項を求めたら、C社としては「他を当たってください」と言ってくるだろうけど…。

野中：まだ検討が足りていない事項もあるかと思いますが、それでは次のスライドにいきましょうかね。

法学部生：1点、費用が極端に高いコンサルについてのやりとりを聞いていて思ったのですが、そういえば外資系の法律事務所はフィーがすごく高いという話を聞いたことがあります。野中さん、そのあたりはどうなんですか？給料もそれに応じて高くなっているのですか？

野中：いやまあ、そういう話はもう少し大人になってからしましょうかね。ケース検討で時間がなくなってきていますし…。

法学部生：話をそらすのはともかくとして、子供扱いはしないでください（怒）！

一同：（にやり「また野中さん怒られてるよ…」）

今回の議論の 勘所

- **コンサルタントに依頼するメリットとレッドフラッグの合間で**
- **経理部門との連携で緻密なレッドフラッグ対応を**
- **頼もしいコンサルを見つけられる現場感覚を**

2 ケース・スタディ（3）
プール金の存在等の発覚

——現地法人でプール金が発覚し、内部通報制度の整備が試される事例を検討してみましょう。現地では様々なグループ対立が進んでいる可能性もあり、また警察を絡めた解決方法にはリスクがつきものですので注意する必要があります。

野中：では次のケースにまいりましょう。事案自体はシンプルにしてありますが、様々な追加事情も想定されますので、皆さんには想像力を発揮していただくのがよいかと思います。

コンプラ部員：これ、うちの事例ですか？全く同じような事例が別の国でありましたけど…。

事業部長：これは、うちのアフリカの事例でしょ。野中さん、勝手にさらし者にするのは勘弁してくださいよ。

野中：いえいえ、全く違います。ただ、**頻繁に出てくる事例**ではあります。ドストエフスキーの「罪と罰」が出版されたときに、多くの人が**「自分のことを書かないでくれ」**と言ったのと同じようなことだと理解してください。

工学部生：ちょっとよく意味がわかりません…。

> 内部通報制度の整備が
> 試される事例

コンプラ部員：「Ｂは現在、Ａの日本本社の執行役員」であるという

ケース3
(プール金の存在等の発覚)

- 日本企業Ａ社のタイ現地法人において「税関対策、その他公務員に支払うための金銭をプールしている」「調達先が、いずれも現地ナンバー２の親族が経営する企業である」といった内部通報が日本サイドにありました。
- その通報によりますと、すでに日本に帰国している当時の現地日本人トップＢの頃からそのようなプラクティスが続いていたようです。その問題点を指摘した現地の社員はすでに解雇されているようです。なお、Ｂは現在、Ａの日本本社の執行役員です。
- 以前、捜査をタイ警察に依頼したところ、警察官からそこそこ高額の支払いを求められたことがありました。
- このような事例において、Ａ社としては、どういった点に留意すべきですか？

日本企業Ａ社

タイ現地法人で「賄賂用のプール金あり」等の内部通報

タイ現地法人

Ｂ

当時の日本人トップＢは現在Ａ社の執行役員
（問題点を指摘した
現地社員は解雇）

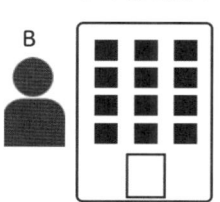

以前、タイ警察　　　　に捜査を依頼したところ、高額支払いを求められた。

日本企業Ａ社はどういった点に留意すべきか？

点がとても気になります。日本サイドへの内部通報のルートがきちんと整備されていれば問題ありませんが、そのあたりが十分でなかったり、あるいは何らかのルートで情報が漏れてしまうこと

も考えられます。そうすると、**内部通報がもみ消されたり、あるいは内部調査が迅速かつ適正に実施されない可能性**も出てきてしまいます。

法務部員：それ以外にも、Ｂさんが自ら、あるいはＢさんの意向を受けた誰かが調査に乗り出してきて、結論として問題ないという調査結果になることも考えられます。それこそ**事案自体が隠ぺいされてしまう可能性もある**のではないでしょうか。

野中：実践的なコメントを有難うございます。様々な隠れた事情が考えられますし、このケースへの対応についても正解はありません。まず１つめのポイントとして、**グローバルの内部通報制度がきちんと整備されているか**、ルートのみならず、情報共有の実態、調査主体の独立性などが試されるケースといえます。

法務部長：実際問題として、内部通報制度がそこまで完璧に機能している企業ばかりではないように思っています。特に**マネジメント上層部においては、いろいろと違ったルートから情報が集まってきてしまい、その結果、様々な力学が働く**こともあります。そこはやむを得ない部分だとは思いますが…。

タイのＡさんからだ。事業所でプール金？

Ｂ君から、わたしのところにも

Ｃさんからだ。私だけにって。

現地で様々なグループ対立が進んでいる可能性も

事業部長：「その問題点を指摘した現地の社員はすでに
　　　　解雇されているようです」という事情からすると、
　　　　現地においてもすでに何らかの力学が働いている
　　　　よね。場合によっては現地法人内に派閥的なもの

があり、一方のグループだけが次々にクビにされて、罪をなすり
つけられている可能性もあるね。本当は**問題点を指摘しただけな
のに、クビにされたうえに「実はあいつがやっていた」とされて
しまう例**はよく聞くよ。

コンプラ部員：対立グループ同士で刑事告訴や訴訟合戦が続いて、そ
　　　　の狭間（はざま）に立たされた日本サイドが、その対応に苦しむ
　　　　という事案も経験したことがあります。

法学部生：罪のなすりつけ合いって、人間ってそんなに悪いことばか
　　　　りするのですか、私は性善説なのですが…。

事業部長：まあ、いろいろとあるんだよ、大人の世界は。

法学部生：（心の中で「また子供扱いですか…（怒)」）

野中：大学生を子供扱いするのはやめるとしまして、現場感覚に基づ
　　　　くいろいろなコメントをしてくださり大変助かります。このケー
　　　　スは、総論部分で以前検討した、**グローバル拠点における様々な
　　　　問題対応がミックスで現れてきている事例**ともいえます。

警察を絡めた解決方法にはリスクがつきもの

コンプラ部員：「以前、捜査をタイの警察に依頼したところ、警察官
　　　　からそこそこ高額の支払いを求められたことがありました」とい

う事実関係の趣旨について考えてみました。おそらくプール金の問題などを含めて警察に相談しようにも、警察にお金を渡すといった贈賄にもな

り得るプラクティスをとることになってしまうから、**なかなか警察にも相談できない**といったところでしょうか。

事業部員：海外では、警察官に何かお願いするにしても、なかなか容易ではないです。日本でも、ホワイトカラー系の案件については警察がなかなか動いてくれず、やきもきしている間に、自分が部署異動して担当から外れたこともありました。

野中：現地警察との関係は、前のケースでも見ましたが、国やエリアによっては難しい問題があります。**日本サイドで内部調査開始の準備を進めていたところ、すでに現地警察にお金を支払って告訴の手続を進めていて、あとは告訴取り下げと反対当事者の訴訟取り下げの相殺みたいな形で解決に向かっている**事例に遭遇したこともあります。その後10年以上何も起きていないため、「今となっては何が正解だったのかわからないね」と関係者が胸をなでおろすような事例もあります。

法学部生：野中さんの好きな玉虫色の解決ですね。さすがにそればっかりだとまずいのではないでしょうか…。

野中：**何が正解であったのかがいまだにわからない事例**も多々ありますが、今回のような不正についての通報があったケースでは、基本的には正攻法ですね。専門家の助言を受けつつ、きちんとした方針のもと内部調査などやるべきことをやり、記録に残しておくことになります。

法務部長：どこまで調査をするかの判断は悩ましいところです。**内部調査でインタビューを繰り返すばかりで、結局無駄になってしまった**という結果にならないように、初期段階における十分な見立てと落としどころを見極めることも重要になりますね。

事業部長：どうせ、もう現地で処理済みで、何も証拠は見つからないと思うよ…。

事業部員：今回のような事例では、もしかしたら新たな現地トップが真剣に対応しようとしたものの、本社からの圧力に耐え切れず、追及を断念せざるを得ないこともあると思います。逆に、本社からはどんどん調査を進めるような圧力がかかるものの、現地では**「そろそろやめようよ」という雰囲気が流れ、その間に挟まれて苦しむトップの姿**も見てきました。「いろいろと大変だな」というのが実感です。

事業部長：そういう人はきっと「ババを引いてしまった」「せっかく楽しみにしていた海外赴任のうち、ほとんどが調査と訴訟対応だった」と**残念な気持ちで日本へ帰る**んだろうね…。

一同：（せつない表情）

今回の議論の 勘所

- ● 　内部通報制度の整備が試される事例
- ● 　現地で様々なグループ対立が進んでいる可能性も
- ● 　警察を絡めた解決方法にはリスクがつきもの

2 | ケース・スタディ（4） JV相手方の問題情報の 入手

——JV相手方の問題情報を入手した場合に、DDにど
のような影響があるかを検討するケースです。判明し
た段階やリスクの程度により手当の仕方が異なりま
す。日本サイドから口出ししにくいケースにおける最
低限の守りの対応についても考えてみましょう。

野中：では次のケースにまいりましょう。**JV 相手方
の問題情報を入手した場合に、DD にどのような
影響を与えるか**につき検討するケースです。事例
は比較的ざっくりと記載していますので、いろい

ろと想像力を膨らませたり、場合分けをしてみて欲しいところで
す。こちらについては皆さんいかがでしょうか？

事業部員：これもよくあるケースですよね。南米で似たような事例が
起こり、研修でも比較的丁寧めに検討したことを覚えています。

> 判明した段階やリスクの程度
> ごとに手当の仕方も異なる

法務部員：どの段階で JV の相手方情報を入手したかに
もよりますが、DD の初期段階で見つかったのであ
れば、その点について相手方から丁寧に資料を出し

て説明してもらい、リスクが低いといえる事情、あ

ケース4
（JV 相手方の問題情報の入手）

・日本企業Ａ社は、EU企業Ｂ社の日本法人との間でJV設立を検討しています。

・Ａ社に対し外部から「Ｂ社の東南アジアの子会社に、起用しているコンサルタントを通じた賄賂授受の疑いがある」との情報が寄せられました。別ルートで「その件で米国司法省による調査も進んでいる」との情報もありました。

・EU企業Ｂ社は、広告関連業務を含めて多岐にわたる分野を取り扱っていますが、Ａ社以外の企業との間でもJV契約を締結する予定のようです。

・今回のJVは、Ａ社にとってはそれほどビジネス・インパクトのあるものではありません。

・このような事例において、Ａ社としては、どのように対応することが考えられますか？

日本企業Ａ社　　　　　　　　　　　　　　　　　ＥＵ企業Ｂ社

ＪＶ設立を検討しているＥＵ企業Ｂ社の東南アジア子会社の賄賂収受、米国司法省による調査進行中の情報

日本企業Ａ社はどのような対応をすることが考えられるか？

るいは単なる噂であって根拠がない点を示してもらうことになると思います。

コンプラ部員：**表明保証**をしてもらったり、**契約書上で担保**してもら

うことも考えられます。仮に、DDの最終段階、あるいは契約成立の直前に情報を入手した場合には少し厄介といえます。なぜそういった大事な情報を契約成立直前まで相手方が共有してくれなかったのか、信頼関係にヒビが入る可能性もあります。

事業部長：単なる噂の可能性もあるから、そこのあたりの真偽についてきちんと調べたいけれども、**あまり調査にお金をかけたくないのが本音**だよね。今回のケースのように、ビジネス・インパクトとしてそこまで大きな案件ではない場合には、時間も限られているだろうし。外部の専門家に依頼して多数の人のインタビューをするような、時間とコストのかかる調査は避けたいところだよね。

短時間でお願いしたいのです。

いいわ、手際よくやりましょう。

コンプラ部員：「米国司法省による調査も進んでいる」という情報については、例えば米国司法省出身の弁護士らに依頼して、情報入手にトライすることも考えられます。調査が実施されていないのであれば問題はないでしょうし、仮に調査が実施されている場合であっても、それが**最終段階なのであれば、JVの相手先は、DOJの求めに応じてすでに様々な再発防止策をとっているはず**です。

人事部員：なるほど。B社は、逆に最もクリーンな状態にあるともいえるわけですね。

法務部員：B社は広告関連業務も取り扱っているということですが、最近の海外の贈収賄関連の事案を見ていますと、例えば広告関連

業務などを取り扱いつつ、ローカルの政府とコネクションを深く構築している場合もあります。そのあたりの**業態の面からも注意して見ていく必要がある**と思いました。

法務部長：仮にB社の東南アジアの子会社で何らかの不正の疑いがあるにせよ、それが今回のB社の日本法人とのJV設立に与える影響について検討してみてもよいかと思います。

野中：いろいろな角度からの指摘を有難うございます。**ビジネス・イ**

ンパクトが大きくない事案の場合に、どの程度のDDを実施するかについてはまさにケースバイケースですね。例えば、JVの相手方の弁護士同席のうえ、こちらサイドも、例えばDOJ出身の弁護士らが同席し、相手側の説明や、こちらからの質問に対する回答を**議事録に残しておく**といった方法も考えられます。

法務部長：実際にDOJから追及を受けた場合に想定される罰金等について、事案内容や量刑ガイドライン等をベースにしてリスク・アセスメントを併せて実施しておく場合もあると思います。

コンプラ部員：このケースでは、よく調べてみた結果、すでに報道されている場合も考えられます。報道されていたとしても、DDの早い段階でしっかりと情報共有しておいてもらいたかったという信頼関係の問題は残りますが。

法務部員：ところで、今回のケースはJV組成ですが、JVの相手方についてDDを実施する際には、M&Aと異なり、外部法律事務所まで起用するケースは少ないように思います。

野中：例えば、お互いに重要な資産や技術を持ち寄ってJVを組成するのであれば、それなりのDDを行なうことになると思います。一方、新規の事業を行なうのであれば、資金以外にあまりみるべき資産もなく、限定的なDDで足りる場合もあるかと思います。

JV 成立後の判明の場合には さらに厄介な問題も

事業部員：今検討しているのは、JV 契約成立前のことですし、今回のケースはその段階を前提にしていると思いますが、契約成立後しばらく経ってから、いろいろと問題が出てくることもありますよね。

コンプラ部員：以前あった事例で、JV が比較的長期間継続していたところ、相手方のトップの親族が国会議員であったうえ、相手方に CSR 費用としてなぜか不明朗な金銭をずっと支払わされていた事例もありました。

なんとなく問題がありそうな気がする。。。

法務部員：**PMI（Post Merger Integration）における対応は確かに難しい**ですね。贈収賄の疑いといった大きな問題にまではいかないにしても、「**なんとなくおかしいな**」と思う場面はよくあります。相手方に情報提供を求めたりして、丁寧にモニタリングすることを心掛けています。

コンプラ部員：ただ、相手方が全く協力してくれないことも時々あります。何か大きな問題となってこちらの関与が疑われると、こちらの本社サイドも調査を受けたり、ペナルティを受ける可能性が十分にあるわけですから、ある程度はチェックしなければなりません。一方で、やり過ぎもどうかと思いますので、日本の本社サイドとして**どこまでチェックするのか**は常に悩んでいると

信頼関係をつくるのがいちばん！

ころです。

野中：以前も申し上げましたが、相手方も**情報提供することによる何らかのメリットがないとなかなか協力してくれません。**このコミュニケーションの問題は、短期間で解決するのは難しいので、自身の海外子会社管理と同様に、少しずつ定期的な会議を入れたり、実際に会う機会を設けたりして情報交換を進めていくのが早道だったりすることもあります。お互いの信頼関係を高めつつ、こちらからノウハウを提供したり、メリットを与えることで少しずつ協働が進んでいくイメージです。

法務部長：米国司法省（DOJ）が最近出したガイドラインでも、M&A 成立後 6 か月以内の不正報告については免責される可能性について言及しています。M&A 成立前の DD を含めて、再度チェック体制を確認しておこうと思っています。

日本サイドから口出ししにくいケースにおける最低限の守りの対応

事業部長：実際のところは、日本サイドから現地に派遣されている人による相手方とのコミュニケーションが大事になってくるけど、**日本サイドから駐在しているのは技術者だけで、そこまでコンプライアンス問題に口を出すのは憚られる**例も多いよね。

えっ、「当局の人」ってだれ？

突然言われてもわからないよ。

僕しかいないし僕、技術だし。

コンプラ部員：技術者であっても、接待の場に JV の相手方の営業関係者と一緒に出席した結果、当局からのインタビューを受けるこ

とになった例もありますし、そういった事例の場合には、「こちらは関係ない」とはなかなか言い訳できない面もあります。

野中：鋭い指摘です。一口に JV と言いましてもその規模感、関与するビジネス、リスクの程度は異なりますので、**どこまでモニタリングするかは状況によります。** 上記の例ですと、最低限、その国、地域やビジネスではどういったリスク要因があり、何が問題となり得るかのポイントをインプットしておく必要があります。

法務部長：相手方が財閥系企業であったり、政府系企業である場合にも、なかなか日本サイドから口出しするのが難しい状況になることもあります。ただ、関与しているプロジェクトの規模が大きくなり、その分リスクが高まってくることもあります。「何も起こらないでくれ」と祈るだけではなく、**日本サイドとしてできることは定期的に実施するなど、やることはやっておく**必要があるといえますね。

野中：実際にも何も言えなかったばっかりに、大きなリスクがマグマのように溜まってしまった事例も見てきました。

工学部生：今の議論を私なりにものすごく簡単にまとめると、大人の世界というのは、やっぱりお金をたくさん持っている現地の親玉が威張っていて、お金のない「よそ者」は肩身が狭いし、言うことを聞いて小さくなっていなければいけない。

法学部生：でも何か問題が起きたときには罪をなすりつけられてしまうから、そのときの被害をなるべく小さくするために、最低限のことはやっておけ。こんなイメージですかね。

野中：お金を持っているかは関係ないこともありますし、そこまで単純化はできないですけど…、まあ、いい線はついているかもしれません…。

一同：（苦笑）

174

今回の議論の 勘所

- **判明した段階やリスクの程度ごとに手当の仕方も異なる**
- **JV 成立後の判明の場合にはさらに厄介な問題も**
- **日本サイドから口出ししにくいケースにおける最低限の守りの対応**

2 ケース・スタディ（5）
内部通報と労務問題の交錯事例

——今回は、内部通報制度と労務問題が絡む事例を扱います。現地の関係者からの情報収集の際には細心の注意が必要ですし、日本法とは異なる法制にも目配りをしましょう。通報への報復措置と見られるリスクにも留意しなければいけません。

野中：それでは、次に**内部通報と労務問題の交錯事例**について検討してみましょう。こちらも様々な日本企業の海外拠点で頻発している事例です。想像力を膨らませつつ、検討していきましょう。

> 内部通報制度の様々な
> 側面は知っておくとよい

事業部長：うちでもあったけど、ローカルの拠点としては本当に困るケースなんだよね。内部通報制度で様々な不正の温床を拾い上げようという狙いはよくわかっているつもりなのだけれども、**逆にこ**

の制度が悪用されてしまってるのではないかという印象もあるよ。解雇されそうになった、いろいろと問題のある社員が、現地の弁護士と一緒になって内部通報をして、引き延ばしを図ったり、良い条件の退職パッケージを勝ち取るために交渉しようとしているわけでしょ？

事業部員：そこまで単純化はできないと思いますけど、そういった通

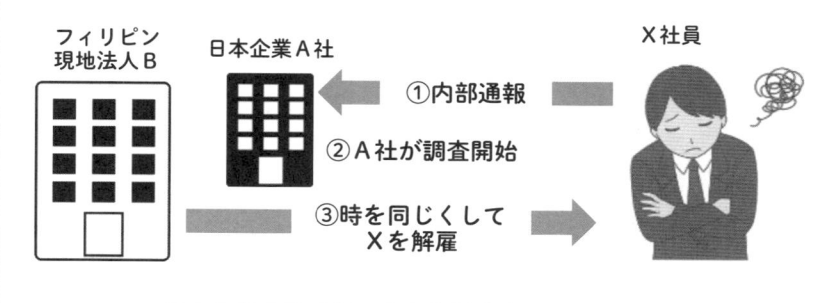

ケース5
（内部通報と労務問題の交錯事例）

・日本企業A社のフィリピン法人Bの社員であるXは、職場にはいじめが横行しているうえ、自分はささいな仕事の失敗をとらされて理不尽な職場異動を命じられたと主張して、Aの日本本社へ内部通報を行ないました。

・A社は外部法律事務所を起用し、内部調査を開始しましたが、時を同じくして、フィリピン法人Bの社長がXに対し解雇処分を言い渡しました。

・このような事例において、A社は、どのような対応をすることが考えられますか？

フィリピン現地法人B　日本企業A社　X社員

①内部通報
②A社が調査開始
③時を同じくして
　Xを解雇

日本企業A社はどのような対応をすべきか？

報を日本の本社サイドは真に受けてしまったりするので、ローカル拠点としては困るというのはわかります。

コンプラ部員：内部通報制度をかなり軽視するような偏見に満ちた発

言は、聞いていて不快感を覚えます。うちの会社では、綿密に制度設計をして、期間とコストをかけて周知活動もした結果、やっと少しずつ職場の不満などを拾えるようになってきました。

人事部員：ローカルの現場にはそれぞれの事情があるとはいえ、内部通報の悪用であると決めつけて、内部通報制度の効果的活用に水を差すような発言は控えていただけると有難いです。

事業部長：いやいや、そんな**きれいごとばかり言っていても仕方ないよ**。君たちは現場を知らないからそんな悠長なことを言っていられるんだよ。「**事件は現場で起きている！**」って昔からいうじゃないか。

コンプラ部員：いえいえ、私だって元々は海外事業部にいました。現場を知らずに発言しているわけではありません。ちなみに「踊る大捜査線」はよく見てましたけど。

野中：まあまあ、熱い議論で盛り上がっているところに口をはさんでしまって恐縮なのですが、仰っていることはそれぞれ一理あると思います。今回の従業員の内部通報については、**内部調査をして事**

実関係をよく把握してみないと、その後のアクションがとれないと思います。

法務部長：いったん中立的に、関係者にアプローチしないまま入手できる情報や書類を集めて分析、検討をしつつ、外部の専門家などにも相談し、インタビューをする対象者、労働法制、考えられるリスクなどにつき検討していくことになると思います。

> ### 現地関係者からの情報収集の際にも、細心の注意が必要

コンプラ部員：野中さんは、総論部分の議論の際にも、関係者にアプローチしないで情報を入手するよう簡単に言われます。ただ実際には、**どの人にアプローチするのか**に結構気を遣います。その人から情報が漏れてしまうことも十分あり得るので、アプローチする人が完全に「味方」と言い切れるような見立てができるかの判

断がまず難しいところです。

人事部員：深く考えずに現地にアプローチすると、その情報が現地のトップなどに伝わることもあります。そのトップから何らかのルートを通じて、本社サイドに対し「内部通報はおかしな内容である」といった印象を与えるような情報が伝わってくることもあります。

法務部員：インタビュー対象者の選定や、質問項目などについて後から問題になることもあるので、ある程度**早い段階からローカルの専門家も入れつつ調査を進める**こともあります。ただ、その専門家も信頼できる人を選定しないと、費用と時間ばかりかかって、きちんとした結論を出してくれない場合もあるので、このあたりもよく悩みます。

法務部長：ローカルから紹介を受けた法律事務所が、現地トップと深いつながりがあって調査結果が公平でなく、困ってしまった事案もありました。

> 少ない情報のなかでも、
> 偏見のない調査を進めたい

事業部長：このケースでどうかはわからないけど、自分が以前対応し

た事案で、同じ拠点で以前にも同様の不当解雇事例があったからという理由で、日本サイドが**「今回もまた使用者サイドによる不当な扱いなのだろう」**といったアセスメントをした例があったよ。現地トップを含めて使用者側の対象者にかなり厳しめのインタビューをして皆を震え上がらせたことがあったね。僕からすると、偏見に基づいた調査だと思うけれどもね。

決めつけや
偏見はいけません。

法務部員：偏見をもたないように心掛けるのでしょうけれども、情報が限られているなかでは、どうしても**過去に起きた事例や、現地のマネジメントの体質みたいなものが判断の一要素になってしまう**ことはあります。

野中：そのあたりはやむを得ないところだと思います。話はずれますが、例えば刑事裁判においても、どうしても同種の前科を持っている被疑者や被告人に対して、「ちょっとねえ」という感覚を当局サイドは持ってしまうと思いますし、**予断排除が原則とはいえ仕方のないところ**ともいえます。

コンプラ部員：ただ、なるべく偏見は持たずに個々の事案についてまっさらな目で判断するのが理想ですよね。情報が少ないなかでは理想論になってしまいますが…。

> **労働法制やプラクティスを、日本と全く同じ感覚では見ない**

法務部員：今回のケースでは、職場で「いじめが横行している」とい

うことですが、**その主張が具体的な事実関係に基づくものなのか**、それがその国の労働法制上問題となり得るのか、通報者としてどういった争い方があり、会社としてはどういったリスクや対処法があるのかなどについて検討することになると思います。

人事部員：「ささいな仕事の失敗をとらされて理不尽な職場異動を命じられた」とも主張しているので、**どの程度「ささいな」失敗だったのか**、職場異動命令が適法なものであったかについても検討することになります。

コンプラ部員：職場異動については、日本では「ジョブ・ローテーション」などと言って様々な経験を積ませてキャリア・アップしていくのが一般的ともいえますし、違和感はないです。ただ**海外では、それぞれジョブ・ディスクリプションが定まっていることが多い**ため、職場異動についてネガティブな感覚を持つ人も多いですね。

事業部員：職場異動が解雇につながったような場合には、誘導解雇などといって職場異動自体の問題性を指摘する人もいた気がします。

動かないニャ

異動があるなんて聞いていません。

野中：労働法制を含めて、日本と全く同じ感覚でいると、十分には問題の本質を捉えられないケースはよくあります。今回の例でも、使用者サイドとしては**「なんとか雇用を守ってあげよう」**という日本的な考え方から職場異動を命じたのかもしれません。

法務部長：その他にも、上司が**ローカル社員である優秀な部下を育てようとして通常業務以外のこともやってもらっていたら、後から訴えられてしまったケース**もあります。残念ながら日本でも似たようなことは起こりますが…。

よく頑張るやつだったん
でたくさんの仕事をお願
いしたのね。

そうしたら、訴えられ
ちゃったんだ。

あまり悩む
ニャ

通報への報復措置と見られる
リスクに留意

コンプラ部員：今回の事例では、内部通報がされているにもかかわら
ず、時を同じくして解雇処分がなされてしまったことで、**通報者
にとっては通報に対する報復措置としか思えない時系列になって
いる**ことが一番問題であると思います。ただ、このケースでもそ
うですが、元々解雇に向けて現地で淡々と動いていただけで、**内
部通報のことは知らずにたまたまそのタイミングになってしまう
こともある**と思います。海外とは時差もありますし。

法務部員：ただ理由や経緯はどうであれ、内部通報に対する報復措置
はポリシーや現地法に違反しているでしょうから、時系列を重視
すると、通報者にとって有利な展開になることも予想されますね。

野中：非常によく検討、分
析されていると思いま
す。理想的には内部通
報がなされた場合には、
迅速にそのことが現地

内部
通報したら
解雇
された！
報復措置
だ！

違います。
あなたの
「行い」が
問題なのです。
（会社）

**のしかるべき担当者へ伝わり、報復措置ととられかねない処分等
がなされないように対応することができるとよい**です。ただ、そ
こまでシステマティックに毎回動ける訳ではないと思いますし、
週末や担当者の休暇がかかってくるような場合には、本ケースみ

たいな事態が生じるのはある程度やむを得ないともいえます。

法務部長：解雇を含む処分等がその国の法制あるいは内規に従ってきちんとなされているのか、理由はあるのかといったあたりを確認したうえで、内部通報に対する報復ではないことを立証できるかにもよると思います。

野中：難しい事例ではありますが、海外であっても、**１つ１つのプロセスを確実に進める基本の大事さを改めて思い起こさせる事例**かと思います。

法学部生：海外との時差や、法制度や文化的相違などにより、いろいろと対応が難しいことがよくわかってきました。**「基本が大事」ということ**ですか。もうちょっとうまいまとめ方があるような気もしますが…。

野中：(がっかり)

今回の議論の 勘所

- 内部通報制度の様々な側面は知っておくとよい
- 現地関係者からの情報収集の際にも、細心の注意が必要
- 少ない情報のなかでも、偏見のない調査を進めたい
- 労働法制やプラクティスを、日本と全く同じ感覚では見ない
- 通報への報復措置と見られるリスクに留意

2 ケース・スタディ（6）
品質違反と海外当局対応

——今回は、海外における品質違反について考えてみます。海外ではそもそも商流を把握するのが難しいことに加え、問題の吸い上げ自体にも苦労します。コミュニケーションのあり方にも注意が必要です。

野中：では次に、海外における**品質違反の事例**を検討してみましょう。品質問題は日本でもたびたび問題になりますが、ここでは海外当局対応も問題になる事例をベースに考えてみましょう。

> **現地の感覚との温度差への対応、早期の商流把握がカギ**

事業部員：まずステークホルダーの把握及び影響度、製品回収の要否、品質のガイドラインをクリアはしていないものの**実際問題として人体に関わる問題なのか**等々についてよく分析、検討します。現地との問題意識に温度差があることもよくあります。

コンプラ部員：日本サイドとしては、リコールも想定される大問題であるという意識を持っていても、現地サイドは結構あっけらかんとしていて、**「ガイドラインで求められている数値とそこまで乖離はないし、少量だからわざわざ当局への報告など不要」**といっ

ケース6
（品質違反と海外当局対応）

・日本企業Ａ社のフランス現地法人Ｂにおけるサンプル調査で、ある製品の品質レベルがフランス法における基準に違反していることが判明しました。

・調査の結果、元々の原因は、Ａ社の日本サイドの取引先Ｃ社の納品の際の品質違反の疑いが高いことが判明しましたが、すでにフランスにおいて、その製品を取り入れた商品が、多数の取引先ルートを通じて店頭に並んでいます。

・フランス当局との交渉も必要となりますが、そもそもフランス現地法人Ｂの取引先がどこの国に、どれくらいあるのか、商流を正確に把握することが困難な状況です。

・このような事例において、日本企業Ａ社は、どういった点に留意すべきですか？

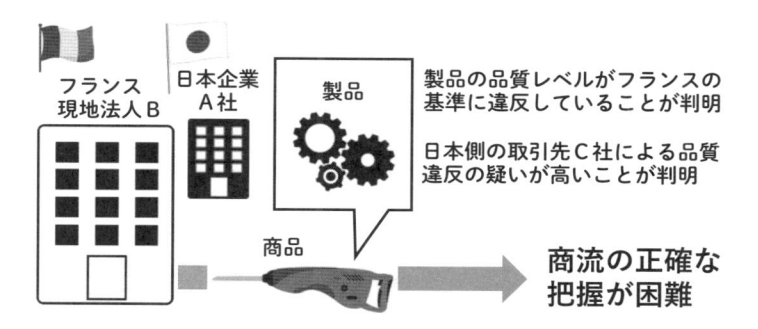

フランス現地法人Ｂ　日本企業Ａ社　製品　製品の品質レベルがフランスの基準に違反していることが判明

日本側の取引先Ｃ社による品質違反の疑いが高いことが判明

商品　商流の正確な把握が困難

日本企業Ａ社はどういった点に留意すべきか？

た意見が強いこともあります。そのあたりの調整や、当地国における実践的なリスクアセスメントも大事になってくると思います。

法務部員：やむを得ないことと割り切っていますが、**特に海外の商流**

については、**契約関係を含めてよくわからないこと
が多い**です。整理をするまでに時間がかかることも
よくあります。国内であっても、個人情報の取扱い
について改正法に沿って内容をアップデートしたと
きに、1次、2次サプライヤーについてさえ契約関係が明確でな
いところがいくつか出てきました。

コンプラ部員：**サプライチェーンのモニタリング**を大々的にやってい
る訳ではないので正確にはわかりませんが、ヨーロッパであって
も、例えばリヒテンシュタインを含む各国の企業が商流に入って
いるのか、**個々の製品ごとに全て正確に把握するのは困難である**
ことが多いと思います。

法務部長：各国ごとに品質基準が異なる場合もあり、当局への報告の
要否との関係でも関係国については早めに確定したいところです。
また**事案によっては、サプライヤーから損害賠償請求を起こされ
る可能性もあります**し、少なくとも交渉ごとにはなります。本ケー
スでは日EUの両方における訴訟も一応想定されます。

人事部員：メディア対応や取引先への説明との関係でも、関係する国
ぐらいは早めに確定させたいところです。なかなか簡単にはいか
ないこともありますが。

事業部員：**サプライヤーとの交渉は結構大変**です。先方が勝手に製法を変えてしまっていたり、保険でどこまでカバーできるかといった問題もありますが、自分たちのチェック体制が完璧であったと胸を張って言えるわけではないですし、お互い様のところがあります。

事業部長：今後の関係という意味でも「**持ちつ持たれつ**」の部分があるので、よほどのことがない限り、サプライヤーとは円満解決に早めに持っていくようにトライするけどね。

全てに通ずる対応マニュアルの作成は困難

法務部員：事業部と連携しつつ、外部専門家とともに海外拠点と対応を協議していきますが、対応マニュアルや訓練の場があるというよりは、**幸か不幸か定期的に大なり小なりの品質問題が起きる**ので、OJT による対応で訓練していく場合も多いですね。

事業部員：以前話題になりましたが、対応マニュアルを作成しようと事業部も法務部も努力しているのですが、**なかなか一般化はできない**です。何かうまい方法はあるのでしょうか？

野中：マニュアル作成のお手伝いをすることもありますが、事案ごとに問題点は異なりますし、**一般化するのは結構難しい**というのが正直なところです。簡単なケース概要を記載して、ケースごとに、問題点、対処方法、再発防止策、反省事項などのポイントを記載しておくという残し方でもよいのかなと思っています。

法務部長：そのポイントにつき、**安全対策会議や品質会議などで３か月に１回程度、あるいは勉強会などで復習しておく**ことが、どんな研修を受けるよりも効果的な生の素材となります。新たに異動

してきた方や、若手などが、それらを通じて学ぶのがよいと思います。品質マニュアルや安全マニュアルについては、アップデートされているかをよく確認するように心掛けています。

事業部長：そこはなかなか耳が痛いところだね。とりあえず**一難去れば、そこで対応は終了というのが普通になってしまっている**よね。後先のことを考えるまでには、なかなか思い至らないよ。

ねえ、僕がいなくなっ
たら、どうなるかな。

次も忘れずに備えなさ
いって、伝えておくわ。

TYPHOON

SUNNY

事業部員：以前、工場の労災案件の訴訟対応で、弁護士から**最新の安全マニュアルの提出を求められましたが、10年前のものしか見つからなかった**ことがありました。安全会議の議事録にほとんど何も記載されていないこともあります。そのあたりは、すぐにでも見直していかなければならない反省事項といえますね。

野中：はい、どの分野についてもマニュアルや規程等がアップデートされているかを確認するのが第一歩といえます。

> **苦情や通報を完全に吸い上げるより、
> まずは一応の形式を整えていく**

コンプラ部員：今回のケースというより、一般的なことになりますが、サプライチェーンの管理との関係で、アンケートや現地監査による以外に、問題事例について**サプライヤーに対して研修を実施したり、サプライヤーを含めた外部からの通報窓口を設けるといっ**

た**取組み**も企業によっては進んでいるみたいですが、そこまでいくのはなかなか大変ですね。

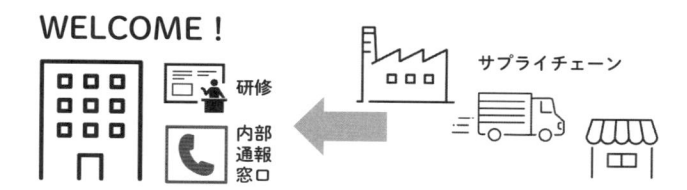

WELCOME！

研修

内部通報窓口

サプライチェーン

法務部員：問題事案は繰り返されることを理解していますので、サプライヤーへの対応にも力を入れたいのですが、正直国内だけでも手一杯です。

人事部員：会社としては、サプライヤーや社会全体に対しても、きちんと対応し、それらの具体的取組みにつき情報公開もしていきたいのですが、**なかなか簡単には進みません。**

事業部員：うちの海外事業部では、自社サイトに CSR に関する一応の問い合わせができる項目を設けていますが、なかなか**外部への窓口設置まで進めるのはハードルが高い**と思っています。

コンプラ部員：そもそも海外では、**どの言語により対応するのか、内容としてどこまで受け付けるのか、地域住民、消費者その他どこまで広げていくのか、実際に誰が対応するのか**といった難しい問題があります。外部専門家にも相談していますが、苦情処理体制を整えるのは容易ではありません。

野中：以前も申し上げましたとおり、窓口担当者のメンタルヘルスの問題もありますが、どこまで本気でサプライヤーや外部の声に対応するのかについては、無理をし過ぎず、外部の専門機関も活用しながら、可能な範囲内で対応するのがよいと思っています。例えば、**英語の E メールのみの対応であっても、窓口があるだけでまずはよし**と考えることもできます。苦情や通報を完全に吸い上

げることを目指すよりは、周知と形式を一応整えていくことを重視するのでも段階によって十分であると思います。

法務部長：「この程度の窓口では意味がない」と思われたとしても、そこまで気にする必要はないということでしょうか。「ゼロよりは５くらいでスタート」というイメージですかね。

野中：はい、**国やエリアごとのリスクに応じて最善を尽くす**ということになると思います。「ビジネスと人権」におけるサプライチェーン・モニタリングの問題は、議論するだけで数時間以上かかる重たい問題ですね。ウイグル強制

労働防止法やEUなどで進展のある海外法令等にも触れつつ、また機会を見つけて具体的なケースにつき議論したいと思います。

海外ではコミュニケーションがいっそう困難で、品質問題が根深いことも

事業部員：海外の工場で**全く品質ガイドラインに沿っていない取扱い**

が長期間にわたり続いていた事案もありました。
工場における品質チェックのプラクティスを担当
しているのがローカルの人たちで、それこそきち
んとしたマニュアルもないうえ、アップデートも
されていませんでした。多数の取引先に製品が流れてしまっていたので、取引先との交渉を含めて大変苦労したことを今でも覚えています。

法務部員：日本サイドが中心となって、内部調査をしつつ真因を発見し、対応策を考えようと努力することもありますが、**誰が悪いかを責めても何の解決にもならない**こともあります。現実的な損害賠償やペナルティに直結する、取引先との問題にのみ焦点を当てる戦略をとることもあります。長期間にわたりインタビューを実施したものの、関係者が皆よく覚えていなかったため、結局何が本当かわからないまま調査を終えたこともありました。

野中：日本における品質問題もそうですが、そもそも基準をどのように捉えるのか、当局への報告・相談を含めて、いろいろと難しいところです。波及効果やレピュテーションリスクとの関係もあって迅速に動く必要のあるケースもあります。**誰も「本当に悪いことをしよう」などとは思っていないのですが、逆に誰もプラクティスをストップするところまでは至りません。**小さな声はかき消されてしまうので、海外のように、よりコミュニケーションが難しい状況が合わさると、さらに発見が困難になることもあります。

止めるべきものを止めるのは難しい

法務部長：根の深い問題ではありますが、無駄に調査ばかり実施するのではなく、**全体のバランスを見た解決策と、それに向けた戦略的なステップ**を専門家から提案していただけると有難いです。

法務部員：本ケースについては、商流や品質違反の程度の把握、原因究明・再発防止策などを検討しつつ、当面は、関係当局との交渉をローカルの専門家とともに進めることになります。

コンプラ部員：当局の出方をよく知る専門家を起用したうえで、**EU 各国におけるリコールといった大きな問題やレピュテーションリスク**にも十分に配慮しつつ、慎重に対応していくことになると思います。

野中：日 EU 双方に火種があるクロスボーダー案件ですが、国内外の事業部、品質、調達、法務、コンプラ部門等が**密に連携して、今まで議論した点も意識しつつ、ある程度のデッドラインを定めて一歩ずつ対応していきたい**ですね。本日は時間との関係で、このケースの検討はこれくらいにしたいと思います。

法学部生：こういったクロスボーダー案件、私、血が騒ぎます！

一同：（心の中で「テンション高いなあ…」）

今回の議論の 勘所

- **現地の感覚との温度差への対応、早期の商流把握がカギ**
- **全てに通ずる対応マニュアルの作成は困難**
- **苦情や通報を完全に吸い上げるより、まずは一応の形式を整えていく**
- **海外ではコミュニケーションがいっそう困難で、品質問題が根深いことも**

2

ケース・スタディ（7）
海外ハラスメント事例

——いよいよ最終講となる今回は、海外におけるセクハラの典型事例を検討してみます。文化的な違いを認識することを前提として、法制度の精緻な分析・検討、事実関係の正確な把握、会社としての体制整備などが求められます。

野中：それでは最後に、よく出てくる海外ハラスメントの事例も少しだけ検討してみましょう。ハラスメントについては、**ESG** や **「ビジネスと人権」** の分野でもオーバーラップしてきますし、国内の  みならず海外でも問題となります。今回は文化的な違いから、国内とはまた一味違うセクハラの分野につき、典型例とともに検討してみましょう。だいぶ時間も押してきましたが、あと一息、頑張っていきましょう！

> **国内との文化的な違い
> により戸惑う人も多い**

事業部長：こういった事例は以前からよく聞くけれども、**日本と海外で感覚が全然違うから対応が難しい**んだよね。赴任前研修で一応話は聞いたけれども、実際に現地へ行ってみると、皆と仲良くならないといけないし。コミュニケーションを張り切ってとろうと

ケース7
（海外ハラスメント事例）

- 日本企業A社の米国現地法人Bの社員である秘書Xは、現地法人B のY社長から、必要性が乏しいにもかかわらず、たびたび出張に ついてくるように命じられていました。
- 出張先において、Y社長は、X秘書が性行為に応じれば昇進させる などの言動をしました。
- X秘書がY社長の言動について現地法人Bに報告したところ、現地 法人Bは、X秘書につき配置換えを行なったものの、X秘書に対し 示談金を受け取って退職することを強く勧めました。
- このような事例において、A社は、どのような対応をすることが考 えられますか？

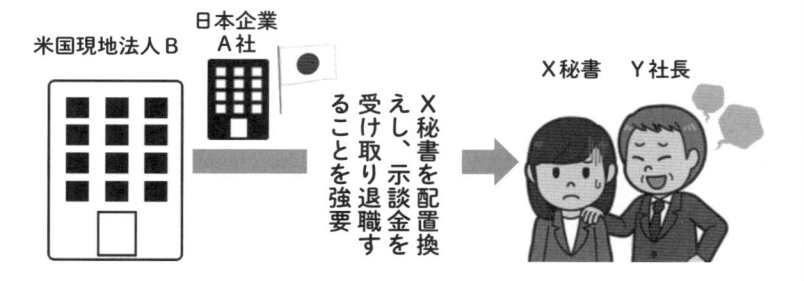

日本企業A社はどのような対応をすることが考えられるか？

して、アルコールも入ったところで失敗してしまった話はよく聞 くし。逆に気にし過ぎるとよそよそしくなっちゃうし。

事業部員：最近の例でも、赴任してすぐに歓迎会で飲み過ぎて、軽い 下ネタのつもりの発言が問題になってしまった例もありました。

事業部長：ダメだなあ、僕は海外では下ネタはゼロだよ、わっはっはっ。

人事部員：日本でもゼロにしてください。

事業部長：（がっかり）

法務部員：口で言うほど簡単なことではないのは、よくわかります。今までセクハラで問題となった事例はたくさんありますが、例えば、レディファーストを意識し過ぎたところ**「いつも後ろから見られていて気持ちが悪い」**と言われてしまった人がいました。

何か気になるな。

人事部員：英語に自信がないから黙々と同僚との食事をしていたところ、**「何も言わずに目をじっと見つめてくる」**と言われてしまった例もありました。今回のケースは、それらに比べて、おおごとだとは思いますが、まだＸ秘書の進退が明らかになっていない段階で、本社としてどのように関与していくかという問題ですね。

法制度の精緻な分析、検討を専門家とともに

法務部員：まずは「Ｘ秘書に対し示談金を受け取って退職することを強く勧めました」という部分ですね。現地法、ここではどこの州かも関連すると思いますが、その**労働関連法において退職強制になっていないか、他に問題となる法律はないか**などを検討することになります。

コンプラ部員：うちの場合は、米国拠点に米国法の弁護士を含めて結構スタッフがそろっているので、彼らと一緒に検討を進めていくことになると思います。

野中：国ごとあるいは州によって関係する法令が異なりますので、ま

ずはそのあたりを明確にしていくことになりますね。例えば、米国統括会社のインハウスローヤーがしっかりと対応できるのか、労働法の専門家が在籍していたり、訴訟対応もできるのであれば問題ありません。ただ、必ずしもそこまで整っていない場合もあります。

法務部長：他の地域、例えばアジア、アフリカで起きた場合にはどう

するのかといった問題も合わせて考えておくとよいと思います。典型的な事例については、**進め方の一応のマニュアル**があると、急な事態において慌て過ぎないで済みます。

事実関係の正確な把握が大前提

人事部員：今回の件では、問題行為のあったことが前提になっているようにも読めますが、例えば**「強く勧めた」というのも、会社の誰が、どのような状況で、どの程度強く勧めたのかがわからない**ですよね。それと、この事案では明確ではないですし、おそらく野中さんがいろいろな場面

事実関係を正確につかむためにどうするか。

を検討したり場合分けをするために、簡潔な事例にしているのだと思いますが、「必要性が乏しいにもかかわらず、たびたび出張についてくるように命じられていました」「出張先において、Ｙ社長は、Ｘ秘書が性行為に応じれば昇進させるなどの言動」があったことが前提ですが、**そういう行為が本当にあったのか、両者にどういう関係性があったのか**も確認する必要があります。

事業部長：きみ、今回やたらと張り切っているね。ラスト・スパートかい？

人事部員：いえいえ。加害者サイドと被害者サイドの
　　　供述の信用性の検討がポイントになることも多い
　　　ですし、そもそもなぜ、どういった経緯で被害が
　　　明らかになったのかが重要になることもあります。

コンプラ部員：事実関係の検討に加えて、適正な内部調査が行われて
　　　いたのか、そのあたりをまず正確に把握しないと、後から判断が
　　　ブレてくるような気がします。

事業部員：細かい話かもしれませんが、**現地トップが
　　　日本人かどうかによっても内部調査の進め方が変
　　　わってきます**ね。日本人トップはまず**日本語によ
　　　るインタビューできちんとすべて説明したい**とい
　　　う要望があることも多いです。

また英語で
インタビューか
・・・

人事部員：海外であっても、日本人同士のセクハラ事案も結構多いで
　　　すね。

法務部員：業務上の行為かどうかの部分が、会社の使用者責任を検討
　　　するうえで重要になってきます。おそらくX秘書としては、先
　　　ほどの退職強制の部分を含めて、現地法人B社のことも訴えて
　　　くるような気がします。退職強制に当たるか、使用者責任的な損
　　　害賠償が認められる要件、**現地法や訴訟プラクティスにおける各
　　　要件の認められやすさ**についても早めに詰めておいたほうが良い
　　　と思います。

法務部長：米国ということで、**懲罰的損害賠償**が認められるケースで
　　　すと、簡単に数十億円レベルの損害賠償請求がされることもある
　　　と聞いています。レピュテーションとの関係でも、十分な対応が

必要な事例と考えます。

懲罰的損害賠償

国内ではこうだが ➡ 米国ではこうなることも

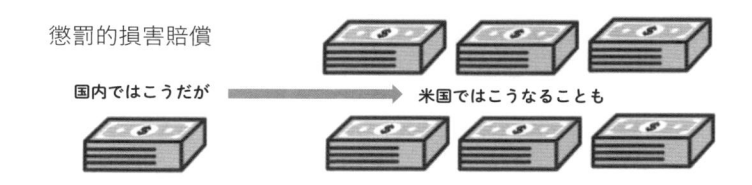

> **会社としての事前措置が
> 十分であったかの確認も**

人事部員：使用者責任との関係で、現地トップにどの程度のコンプラ
イアンス研修、特にハラスメント研修を実施していたのか、**その
内容についても把握しておきたい**ですね。今回のケースでは、プ
ライベートというより出張先の出来事ではありますが、その前か
らの両者の関係性も種々あったかもしれません。業務との関係性
が強く認められる事案において、**なぜ会社として防げなかったの
か、会社に職場環境についての苦情受付体制があったのか**も問題
になりそうです。

事業部長：Ｙ社長をきちんと会社が教育できていなかっ
たのが悪いと言われてしまうかもね。

工学部生：そういえば、野中さんがいなくても全然問
題なく講義が進んでいますね。

野中：はい、とても有益な指摘ばかりで口をはさむ余
地がありませんでした。現地トップ研修として、ハラスメントや
経費・処理について扱うのは一般的ですが、それぞれの国、エリ
アにおいてリスクの高い分野につき、実際の業務プラクティスに
沿って研修を実施しておくことは必須だと思います。

法務部員：そういった**会社としてやるべきことはやっていたと示せる**

ことが大切になります。

対応の遅れが被害者の感情を逆撫でする場合も

コンプラ部員：それ以外には、シンプルですが**迅速な対応をする**ことも大事になると思います。よくあるケースですが、最初は被害者サイドもそれほど感情的になっておらず、円満解決を求めていたにもかかわらず、本社との関係で判断に時間がかかり過ぎてしまって、一気に大きな問題になってしまうこともあります。

法務部員：特に海外案件の場合には、**時差の関係や休暇日が異なることなどもあって、通常の２倍以上のスピードで時間が経過してしまうイメージ**ですね。こういった事態が発生したときに、どこの部署がどのように対応するのかといった連携体制、レポートラインの確認などの避難訓練をしておくことも大事になってくると思います。

あれっ、ニューヨークはいま何時？

そうね、だいたいね朝７時

事業部員：日本でもそうですが、海外のメディアや人権団体などとどのようにコミュニケーションをとっていくかという問題が出てくる場合もあるかと思います。

> **苦情受付体制の全般的
> 整備状況の確認を**

人事部員：企業ごとに異なりますが、**基本的に日本の人事部門がリードしつつ、各リージョンの人事部門と連携して、体制を整えていくことが必要になる**こともあります。特に、ビジネスと人権の分野でも言われている人権救済の窓口の設置などを含めて、仕組みづくりができているかを早急に確認しなければいけないと考えています。

コンプラ部員：ただ現実問題としては、本社サイドでそれらの状況を十分に把握できていないこともあります。足りていないところを順々に補っていこうという必要性は痛感しているものの、**他業務に忙殺されてなかなか進まない**のが現実かと思います。

人事部員：必要に応じて外部専門家を起用しながら進めていくことも検討する必要がありますね。

野中：ハラスメントに限らず、リスクの高い分野については、**レポートラインを整えるとともに、内部通報制度など既存の仕組みも再確認しておく**必要があります。内部通報制度も、きちんと整っていないとかえって情報が漏れてマイナスに働くこともあります。

法務部長：内部通報制度に関する **EU 指令**が出され、各国法の施行も進んでいるこのタイミングに合わせて整備をしたり、完全なものではないにせよ、問題点につき年度ごとに計画を立ててコツコツと改善を進めていこうと思っています。本日の野中さんの講義のエッセンスも取り入れていこうと思います！

事業部長：いやあ、ケースを 7 つもやって、さすがにお腹いっぱいになったよ。頭もだいぶ疲れたし。ただまあ、いろいろと検討できたのは復習にも

なったし、少し自信もついたかな。その意味では野中さん、役立つ講義だったよ、ありがとう！最後のほうは野中さん透明人間だったけどね…。

野中：お褒めいただき有難うございます！限られた時間でしたし、まだまだ検討不足や抜けも多々あるかと思います。ただ、ご意見はこれからもいつでも受け付けますし、この正解のない分野で少しでも私も腕を磨いていきたいと思っています。この講義はまだまだ改善の余地が十分にありますので、皆さんの疑問点をベースに、来年にはさらにアップデートするつもりです。長くなりましたが、ご清聴を誠にありがとうございました！

法学部生：時間切れのせいか、なんか終わり方は尻切れトンボですね…。

一同：（苦笑）

野中：（ネクタイを外して「さあ、今晩は新橋でしたっけ？」）

今回の議論の 勘所

● 国内との文化的な違いにより戸惑う人も多い
● 法制度の精緻な分析、検討を専門家とともに
● 事実関係の正確な把握が大前提
● 会社としての事前措置が十分であったかの確認も
● 対応の遅れが被害者の感情を逆撫でする場合も
● 苦情受付体制の全般的整備状況の確認を

あとがき

　約9年半を過ごした裁判所を離れ、2010年4月に弁護士としての一歩を踏み出して以来、外資系法律事務所で勤務しながら、多数の日本企業や外資系企業の皆様と、グローバル・リスクマネジメントの諸問題や海外子会社管理について議論を重ねる機会に恵まれてきました。正解のないこの分野で、限られたリソースのなか、どのように対応すべきかに悩む皆様の姿を数多く見るにつけ、最低限の体制を整え、緊急事態に備えることの重要性を実感してまいりました。

　本書では、とかく抽象的な議論になりがちなテーマにつき、具体的にわかりやすく伝え、考え方の道筋や一定の指針を示せるよう心掛けてまいりましたが、その試みが成功しているかどうかは読者の皆様のご判断に委ねたいと思います。今後も皆様のフィードバックを糧にして、この取組みをコツコツと続けていく所存です。

　緊急事態に直面し、あらゆる部署や関係当局からの連絡がひっきりなしに舞い込む状況で、最善の判断を下せるよう葛藤する経験を重ねてきました。不祥事対応の現場では、先を見据えたうえでのバランス感覚と力技が求められますが、何とかしようという強い思い、情熱も欠かせません。いざという時に備えて、普段から常に腕を磨き続ける必要性も痛感しています。情報をとりまとめ、コントローラーとして孤独を感じながら、道なき道を進むことが求められることもあります。たとえ絶望的な状況に陥っても、上や前を向いて「明けない夜はない」と自分に言い聞かせたこともありました。

　私ことですが、息子たちが小さかった頃、二人が同時にインフルエンザにかかった際、妻の冷静かつ愛情に満ちた対応に驚かされるとともに、自らは強い無力感を覚えました。その経験、無力感から学び、せめて企業の皆様のために自分ができることをしよう、緊急対応に全力を尽くそうと決意したのでした。

　本書は、私の様々な経験、皆様とのやりとりを通じて感じてきたこと、考えてきたことの一端を記したものです。今後も皆様からの率直なご意見を真摯に受け止めながら、内容を充実させていきたいと思っています。本書にも記載しましたが、**完璧を目指すのではなく、より良いものに向けて努力を続けることが大切**だと信じています。

　最後になりますが、実況中継という形式に賛同し、様々なアイデアを提案してくださるとともに、本書を世に出すことに多大なる協力をしてくださった商事法務の浅沼亨氏、様々な示唆を与えてくださるとともに、本書執筆の後押しをしてくださった日本電気株式会社の小幡忍様、日々困難な問題へと一緒に立ち向かってくださる日本企業ないし外資系企業の皆様、毎日様々な案件で切磋琢磨をしてくれる国内外の同僚、いつも刺激を与え突っ込みを入れてくれる諸先輩や友人たち、幼少のころからエジプトで伸び伸びと育ててくれて海外ビジネスに目を向けるきっかけを与えてくれた両親、そして私に無力さを痛感させてくれ、向上心と元気を日々与え続けてくれる家族に感謝の意を表しつつ、あとがきを締めたいと思います。

Thanks !

　令和6年10月吉日

野中　高広

● 著者紹介 ●

野中　高広（のなか　たかひろ）
モリソン・フォースター法律事務所　パートナー弁護士

　贈収賄、ビジネスと人権、不正経理・ハラスメント、個人情報・サイバーセキュリティ、競争法、各種刑事犯罪に絡む、役職員の不祥事・不正事案を主に取り扱う。
　国内・海外当局や捜査機関による調査・捜査への対応・折衝、調査の実施、内部通報対応に加え、コンプライアンス体制・内部統制システムの構築、リスク評価、各種研修などを担当。
　国内外の訴訟案件も手掛けるほか、経済制裁・貿易コンプライアンス事案にも従事。

　裁判官として約10年間、各地方裁判所（東京、名古屋、高知）に勤務。その間、国内大手自動車会社人事部に勤務したほか、在米国日本国大使館にて外交官として、各種国際紛争、贈収賄防止、輸出管理等の職務に従事。

グローバル・リスクマネジメントの実況中継
──平時・緊急対応、海外子会社管理、ケース・
　スタディを中心に

2024年10月23日　初版第1刷発行

著　　者　　野　中　高　広

発行者　　石　川　雅　規

発行所　　㍿　商　事　法　務
　　　　　〒103-0027　東京都中央区日本橋3-6-2
　　　　　TEL 03-6262-6756・FAX 03-6262-6804〔営業〕
　　　　　TEL 03-6262-6769〔編集〕
　　　　　https://www.shojihomu.co.jp/

落丁・乱丁本はお取り替えいたします。　　印刷／そうめいコミュニケーションプリンティング
©2024 Takahiro Nonaka　　　　　　　　　　　Printed in Japan
Shojihomu Co., Ltd.
ISBN978-4-7857-3093-2
＊定価はカバーに表示してあります。